Rheinisch-Westfälische Akademie der Wissenschaften

Geisteswissenschaften Vorträge · G 198

Herausgegeben von der
Rheinisch-Westfälischen Akademie der Wissenschaften

ERNST BENDA

Gefährdungen der Menschenwürde

Westdeutscher Verlag

193. Sitzung am 20. März 1974 in Düsseldorf

Gesamtherstellung: Westdeutscher Verlag GmbH

ISBN 978-3-531-07198-5 ISBN 978-3-322-90069-2 (eBook)
DOI 10.1007/978-3-322-90069-2

Inhalt

In dem Vortrag „Zur Problematik der Grundrechte", den Josef Wintrich am 18. Dezember 1956 vor der Arbeitsgemeinschaft für Forschung des Landes Nordrhein-Westfalen in Düsseldorf gehalten hat, erörterte der damalige Präsident des Bundesverfassungsgerichts in eindrucksvoller Weise die rechtliche Bedeutung des Art. 1 Abs. 1 GG, mit dem die Achtung und der Schutz der unantastbaren Menschenwürde aller staatlichen Gewalt zur Pflicht gemacht wird. Wintrich hat damals überzeugend nachgewiesen, daß Art. 1 Abs. 1 GG nicht lediglich deklamatorische Bedeutung hat, auch nicht nur als Programmsatz zu verstehen ist, sondern eine aktuell geltende Verfassungsnorm obersten Ranges darstellt. Der Wertgehalt des Art. 1 Abs. 1 ermögliche es, ihn zum Ausgangspunkt eines einheitlichen Wertsystems der Grundrechte in ihrer Gestalt als objektiv-rechtliche Gewährleistungen bestimmter menschlicher Wesenswerte zu nehmen. Aus der Grundnorm des Art. 1 Abs. 1 gingen sowohl die Freiheitsrechte als auch die sozialen Grundrechte hervor[1]. Heute sind diese Feststellungen weitgehend unbestritten; aber damals bedurfte es des Einsatzes von Persönlichkeiten wie Wintrich, damit solche Erkenntnis Allgemeingut werde.

Die nachfolgenden Ausführungen können sich in ihrem ersten Teil, der zusammenfassend die Bedeutung der Entscheidung des Grundgesetzes für den Schutz der Menschenwürde, die Stellung des Art. 1 Abs. 1 GG im System der Grundrechte und Begriff und Inhalt der Menschenwürde darstellen soll, weitgehend auf die inzwischen in Wissenschaft und Rechtsprechung erzielte Übereinstimmung stützen. In einem zweiten Teil soll versucht werden, entsprechend der dem Vortrag gegebenen Thematik, die aktuelle und in die Zukunft gerichtete Bedeutung des Art. 1 Abs. 1 GG zu erörtern. Aus der im Rahmen eines Vortrages erforderlichen zeitlichen Beschränkung folgt dabei, daß lediglich einige Schwerpunkte angesprochen werden können, die wegen ihrer Aktualität auf ein besonderes Interesse hoffen dürfen.

[1] J. Wintrich, Zur Problematik der Grundrechte, 1957, S. 19.

I.

1. Art. 1 Abs. 1 GG als verfassungsrechtliche Grundentscheidung

Das Grundgesetz ist (wie das Bundesverfassungsgericht ausgesprochen hat) „eine wertgebundene Ordnung, die den Schutz von Freiheit und Menschenwürde als den obersten Zweck allen Rechts erkennt“[2]. Die freie menschliche Persönlichkeit und ihre Würde sind der höchste von der Verfassung geschützte Rechtswert[3]. Der Schutz der Menschenwürde, wie Art. 1 GG ihn verlangt, ist damit oberstes Konstitutionsprinzip der Verfassung[4].

Damit ist eine Grundentscheidung von fundamentaler Bedeutung getroffen worden. Es ist nicht selbstverständlich, daß die Verfassung überhaupt eine Aussage über die Stellung des Menschen in Staat und Gesellschaft macht. Nach liberalem Staatsverständnis ginge den Staat die Würde des Menschen nichts an[5], weil er von dem Optimismus getragen war, daß Freiheit und Würde des Menschen am ehesten durch die Garantie eines möglichst großen staatsfreien Raumes gewahrt werden können, in dem der einzelne sein Leben gestaltet. Indem das Grundgesetz in Art. 1 Abs. 1 die Menschenwürde anspricht, äußert es sich zu einem wesentlichen Grundproblem menschlichen Zusammenlebens, nämlich dem Spannungsverhältnis zwischen der Eigenständigkeit der Person und den Bedürfnissen, Rechten und Pflichten, die sich aus dem Zusammenleben im sozialen wie im staatlichen Bereich ergeben. Eine Verfassungsordnung, die nicht einseitig entweder dem schrankenlosen Individualismus oder dem die Freiheit mißachtenden Kollektivismus huldigt, muß die sich aus der Polarität von Freiheit und Zwang, der Achtung der Einzelpersönlichkeit und zugleich deren Eingliederung in die staatliche Gemeinschaft ergebenden Fragen stellen und beantworten; die Qualität jedes Staatsgrundgesetzes hängt entscheidend davon ab, ob es gelingt, solche un-

[2] BVerfGE 12, 45 (51).

[3] BVerfGE 12, 45 (53); B. Schmidt-Bleibtreu/F. Klein, Kommentar zum Grundgesetz für die Bundesrepublik Deutschland, 3. Aufl. 1973, Art. 1 Rdn. 15.

[4] Vgl. BVerfGE 6, 32 (36); ferner J. Wintrich (Anm. 1), S. 10; ders., Die Bedeutung der „Menschenwürde“ für die Anwendung des Rechts, BayVwBl. 1957, S. 137; G. Dürig, Der Grundrechtssatz von der Menschenwürde, AöR Bd. 81 (1956), S. 117 ff. (122 f.). Zur zentralen Stellung der Menschenwürde in der verfassungsrechtlichen Wertordnung R. Zippelius, Bonner Kommentar zum Grundgesetz, Zweitbearbeitung 1966, Art. 1 Rdn. 26, und W. Maihofer, Rechtsstaat und menschliche Würde, 1968, S. 102. Gegen die „Übersteigerung“ der Menschenwürde zum obersten Wert der Rechtsordnung W. Geiger, Grundrechte und Rechtsprechung, 1959, S. 21.

[5] F. W. Jerusalem, Die Grundrechte des Bonner Grundgesetzes und ihre Durchsetzung in der Rechtsprechung, SJZ 1950, S. 1; G. Dürig, AöR Bd. 81 (1956), S. 118; ders., in Maunz/Dürig/Herzog, Grundgesetz, Art. 1 Abs. 1 Rdn. 2 Anm. 1.

vermeidlichen Konfliktsituationen zu bewältigen[6]. In Staaten mit hochentwickelten Gesellschaftsordnungen werden solche Fragen vollends unausweichlich. Dort sieht sich der Staat von immer wachsenden Anforderungen seiner Bürger bedrängt, die er oft nur um den Preis einer Verringerung des individuellen Freiheitsraumes erfüllen zu können glaubt. Damit wird die Aufgabe, Einzelfreiheit und Gesamtwohl soweit als möglich in Einklang zu bringen, zur Hauptaufgabe jeder Politik, aber auch zur Grundfrage an die Verfassungsordnung, die gerade im politischen Bereich nicht nur auf das freie Spiel der Kräfte vertraut, sondern die grundlegenden Wertentscheidungen in rechtlich verbindlicher Form vorab zu treffen hat. Das Grundgesetz versucht das Spannungsverhältnis Individuum – Gemeinschaft dadurch auszugleichen, daß einerseits die Freiheitsrechte gewährleistet, andererseits zugleich ihre Schranken bestimmt werden. Die Gesamtsicht dieser Rechte und ihrer Schranken ergibt das Bild des Menschen, wie ihn das Grundgesetz sieht.

2. *Das Menschenbild des Grundgesetzes*

Nach der bekannten Formulierung des Bundesverfassungsgerichts ist „das Menschenbild des Grundgesetzes ... nicht das eines isolierten souveränen Individuums; das Grundgesetz hat vielmehr die Spannung Individuum – Gemeinschaft im Sinne der Gemeinschaftsbezogenheit und Gemeinschaftsgebundenheit der Person entschieden, ohne dabei deren Eigenwert anzutasten“[7]. Diese Aussage hat weitreichende Konsequenzen: „Der einzelne muß sich diejenigen Schranken seiner Handlungsfreiheit gefallen lassen, die der Gesetzgeber zur Pflege und Förderung des sozialen Zusammenlebens in den Grenzen des bei dem gegebenen Sachverhalt allgemein Zumutbaren zieht, vorausgesetzt, daß dabei die Eigenständigkeit der Person gewahrt bleibt.“[8] Damit werden sowohl die individualistischen Auffassungen des klassischen Liberalismus als auch die kollektivistischen Bestrebungen totalitärer Kräfte abgelehnt; das Grundgesetz bewegt sich unter Ablehnung dieser Extreme auf der mittleren Linie des Personalismus[9]. Die Idee des freiheitlichen Rechtsstaates (Art. 20) beruht auf der „normativen Prämisse“, „daß die Würde des

[6] E. Benda, Industrielle Herrschaft und sozialer Staat, 1966, S. 104.

[7] BVerfGE 4, 7 (15 f.); ähnlich BVerfGE 12, 45 (51); G. Dürig, Die Menschenauffassung des Grundgesetzes, JR 1952, S. 259; H. v. Mangoldt/F. Klein, Das Bonner Grundgesetz, 2. Aufl. 1957, S. 149. Gegen den „schillernden Begriff“ des Menschenbildes A. Hamann, Die Freiheit der Persönlichkeitsentfaltung im wirtschaftlichen Bereich, BB 1955, S. 105 ff. (107).

[8] BVerfGE 4, 7 (16); ferner BVerfGE 19, 93 (96); 8, 274 (329).

[9] G. Dürig in Maunz/Dürig/Herzog, Grundgesetz, Art. 1 Abs. 1 Rdn. 46.

Menschen in einer Ordnung größerer Freiheit eher gewährleistet ist als in einer Ordnung größerer Sicherheit"[10], aber das ebenfalls in Art. 20 enthaltene Sozialstaatsprinzip führt dazu, daß die Grundrechte „mit neuen Wertgehalten aufgeladen" werden und so eine „zusätzliche Dimension" gewinnen[11]. Es verhindert eine rein individualistische Handhabung der grundrechtlichen Normen[12] und schützt das Menschenbild des Grundgesetzes vor dem Mißverständnis, um der Würde des Einzelmenschen willen seine Gemeinschaftsbezogenheit und -gebundenheit zu übersehen. Der Sozialstaat bemüht sich um eine gerechte Wirtschafts- und Sozialordnung; der Rechtsstaat will verhindern, daß hierbei der Kernbereich personaler Freiheit gefährdet wird[13]. Im Einzelfall ist eine Regelung anzustreben, die beiden Gesichtspunkten in ausreichender Weise Rechnung trägt; es gilt, die „fruchtbare Wechselwirkung des Gegensätzlichen" nutzbar zu machen[14]. Diese Aufgabe, die Spannungslage zwischen dem Schutz der Freiheit des einzelnen und den Anforderungen der sozialstaatlichen Ordnung für eine sachgerechte Regelung zu verwerten, kann das Verfassungsrecht dem Gesetzgeber nicht abnehmen; ihm bleibt die Aufgabe, den weiten Raum zwischen beiden Polen durch seine politische Entscheidung auszufüllen[15].

3. Art. 1 Abs. 1 GG als objektive Rechtsnorm und Grundrecht

Schon aus dem bisher Gesagten folgt, daß Art. 1 Abs. 1 GG nicht nur eine ethische Deklamation enthält, er vielmehr (mindestens) eine aktuelle Norm des objektiven Rechts ist[16]. Die Würde des Menschen ist zunächst ein sittlicher Wert; aber ihre Aufnahme in das Grundgesetz bedeutet, daß sie zum Rechtswert geworden ist, ihre rechtliche Erfassung also positiv-rechtliches, d. h. verfassungsrechtliches Gebot ist[17]. Damit ist Art. 1 Abs. 1 jedenfalls als eine dem Staat aufgegebene rechtliche Verpflichtung zu verstehen, die Menschenwürde

[10] W. Maihofer (Anm. 4), S. 127.

[11] K. H. Friauf, Zur Rolle der Grundrechte im Interventions- und Leistungsstaat, DVBl. 1971, S. 674 ff. (676).

[12] U. Scheuner, Die Funktion der Grundrechte im Sozialstaat, DÖV 1971, S. 505 ff. (506).

[13] E. R. Huber, Der Streit um das Wirtschaftsverfassungsrecht, DÖV 1956, S. 200 ff. (203); F. Böhm, Freiheitsordnung und soziale Frage, in: Grundsatzfragen der Wirtschaftsordnung, 1954, S. 71 ff. (91); ders., Der Rechtsstaat und der soziale Wohlfahrtsstaat, a.a.O., S. 96 ff.

[14] E. R. Huber, a.a.O.

[15] BVerfGE 10, 354 (371); 29, 221 (235).

[16] G. Dürig, JR 1952, S. 260; R. Marcic, Vom Gesetzesstaat zum Richterstaat, 1957, S. 317.

[17] G. Dürig, in Maunz/Dürig/Herzog, Grundgesetz, Art. 1 Abs. 1 Rdn. 1; F. Münch, Die Menschenwürde als Grundforderung unserer Verfassung, 1951, S. 4.

zu wahren und ihren Schutz nach Maßgabe seiner Möglichkeiten überall zu übernehmen. Die Achtung und der Schutz der Menschenwürde sind bindende Richtlinien für die gesamte Staatstätigkeit[18].

Hiermit ist noch nicht entschieden, ob dem einzelnen in seiner Würde berührten Menschen ein Grundrecht, d. h. ein subjektiv-öffentliches Recht zusteht, sich gegen derartige Angriffe zu wehren. Dies wird auch heute noch vielfach bestritten, auch dort, wo Art. 1 Abs. 1 als eine „Grundforderung unserer Verfassung" verstanden und sein juristischer Gehalt nicht geleugnet wird[19]. Wenn aber die Menschenwürde der höchste von der Verfassung geschützte Rechtswert ist, so ist mit diesem Verständnis schwerlich vereinbar, daß der Betroffene von der Berufung gerade auf diese verfassungsrechtliche Gewährleistung ausgeschlossen sein soll. Dem System des Grundgesetzes, das gegen jede Rechtsverletzung durch die öffentliche Gewalt den Rechtsweg eröffnet (Art. 19 Abs. 4), entspricht es vielmehr, daß die Möglichkeit praktischer Wertverwirklichung um so mehr garantiert wird, je höher der Rang des Rechtsgutes in der Hierarchie der Verfassungswerte steht[20]. Auch die – von Dürig vertretene – Annahme, daß der staatliche Angriff auf die Menschenwürde in jedem Falle durch die Berufung auf eines der speziellen Grundrechte (jedenfalls des Art. 2 Abs. 1) aufgefangen werden könne, die Ausgestaltung des Art. 1 Abs. 1 zu einem subjektiv-öffentlichen Recht also entbehrlich erscheine, muß zuvor Art. 1 Abs. 1 „als Wertmaßstab in die Spezialinterpretation" dieser Grundrechte einbeziehen[21]. Damit würde diese Norm durch die Bestimmung des gerichtlich durchsetzbaren Gehalts der einzelnen speziellen Grundrechte im Ergebnis ihren Grundrechtscharakter um so deutlicher erweisen. Schließlich und vor allem entspricht es dem Verständnis des Inhalts der menschlichen Würde, wenn man es demjenigen, dem vom Grundgesetz die Unantastbarkeit dieses Wertes zugesichert ist, überläßt und ermöglicht, seine Würde selbst zu wahren[22]. Es liegt nicht in der Linie der vielfach vertretenen inhaltlichen Erfassung des Art. 1 Abs. 1, nach welcher der Mensch nicht zum bloßen Objekt staatlichen oder gesellschaftlichen Handelns gemacht werden darf, ihm gerade bezüglich der Regelung, die ihm eben dies zusichert, die Verantwortung abzunehmen, ihn mithin in noch so wohlmeinender Absicht zum „Objekt" einer nur als objektive Norm verstandenen Wertentscheidung zu machen.

[18] J. Wintrich, BayVwBl. 1957, S. 137.
[19] F. Münch, a.a.O., S. 5.
[20] K. Löw, Ist die Würde des Menschen im Grundgesetz eine Anspruchsgrundlage?, DÖV 1958, S. 516 ff. (518).
[21] G. Dürig, AöR Bd. 81 (1956), S. 122.
[22] K. Löw, a.a.O., S. 519.

Art. 1 Abs. 1 begründet daher ein echtes Grundrecht, das im Wege der Verfassungsbeschwerde durchgesetzt werden kann[23]. Hierüber bestehen heute noch lebhafte Meinungsverschiedenheiten, und auch die Rechtsprechung des Bundesverfassungsgerichts ermöglicht noch keine abschließende Beurteilung[24]. Auch wenn man den Grundrechtscharakter des Art. 1 Abs. 1 anerkennt, folgt hieraus nicht ohne weiteres ein mit der Verfassungsbeschwerde verfolgbarer Rechtsanspruch auf ein Tätigwerden des Gesetzgebers, um die Menschenwürde allgemein oder in einem bestimmten Bereich zu verwirklichen[25]. Ähnlich wie bei der Erfüllung des sozialstaatlichen Auftrages ist der Gesetzgeber zwar durch die Wertentscheidung des Grundgesetzes im Ziel seiner Tätigkeit festgelegt, aber in der Wahl seiner Mittel – im Rahmen der Verfassung – frei. Immerhin ist aber auch dort vom Bundesverfassungsgericht anerkannt, daß ein willkürliches Pflichtversäumnis des Gesetzgebers, das den sozialstaatlichen Auftrag ohne sachlichen Grund mißachtet, zur Folge haben könnte, daß dem einzelnen ein mit der Verfassungsbeschwerde verfolgbarer Anspruch erwächst[26]. Entsprechendes ist in einer Situation denkbar, in welcher der Gesetzgeber eine offenkundige und nur durch staatlichen Eingriff zu behebende Beeinträchtigung der Menschenwürde duldet, ohne daß seine Passivität durch vertretbare Gründe erklärt werden kann.

4. Art. 1 Abs. 1 GG im System der Grundrechte

Die Würde des Menschen wird nicht nur durch Art. 1 Abs. 1, sondern mit jeweils besonderer Blickrichtung auf einzelne Gefährdungsmöglichkeiten durch die Art. 2 ff. geschützt. Allen Grundrechten ist gemeinsam, daß sie um der Menschenwürde willen erforderlich erscheinen, sich also dem allgemeinen Gedanken nach bereits aus Art. 1 Abs. 1 ergeben; sie sind „partiell verselb-

[23] So auch J. Wintrich (Anm. 1), S. 31; H. C. Nipperdey, Die Würde des Menschen, in: Neumann/Nipperdey/Scheuner, Die Grundrechte, Bd. 2 (1954), S. 1 ff. (12); W. Wertenbruch, Grundgesetz und Menschenwürde, 1958, S. 163; W. Geiger, Gesetz über das Bundesverfassungsgericht, Kommentar, 1952, S. 277; K. Löw, Menschenwürde, Freiheit, Gleichheit, 1970, S. 21; R. Zippelius, Bonner Kommentar, Art. 1 Rdn. 32 f. – Anderer Ansicht sind z. B. G. Dürig, AöR Bd. 81 (1956), S. 122; v. Mangoldt/Klein (Anm. 7), S. 119, 146; Th. Maunz, Deutsches Staatsrecht, 18. Aufl. 1971, S. 101 („wohl ... nur direktiv erfaßbar"); zweifelnd H. Nawiasky, Die Grundgedanken des Grundgesetzes für die Bundesrepublik Deutschland, 1950, S. 26; F. Münch (Anm. 17), S. 5.

[24] Vgl. dazu etwa BVerfGE 1, 332 (343); 12, 113 (123); 13, 132 (152): in all diesen Entscheidungen ist stets neben der Verletzung des Art. 1 auch die Verletzung anderer Grundrechte gerügt worden; vgl. aber auch BVerfGE 1, 97 (104).

[25] Ebenso H. C. Nipperdey (Anm. 23), S. 29.

[26] BVerfGE 1, 97 (106).

ständigte Ausschnitte aus der Menschenwürde"[27]. Art. 1 Abs. 1 erscheint als wesentliche Wurzel und Quelle aller Grundrechtsgewährleistungen[28]. Dem steht nicht entgegen, daß die im Grundgesetz normierten Grundrechte ihre Entstehung unterschiedlichen politischen und sozialen Ideen verdanken und jeweils *eine* Antwort auf Herausforderungen der Zeit darstellen[29]. Die verschiedenen historischen Anlässe, die zur Herausbildung einzelner Grundrechte Anlaß gaben, zeigen die Wandelbarkeit des Begriffs der Gerechtigkeit[30]; aber deren oberste Prinzipien haben einen überzeitlichen materialen Gehalt, der am ehesten mit der Würde des Menschen umschrieben werden kann.

Ohne weiteres ergibt sich ja, daß die Menschen, denen die Menschenwürde ohne Ausnahme zukommt, auch die gleichen Rechte haben müssen. Art. 3 ist daher eine selbstverständliche Konsequenz aus Art. 1 Abs. 1[31]. In ähnlicher Weise sind die wesentlichen Leitgedanken des Art. 5 aus dem Grundrecht der Menschenwürde abzuleiten. Insbesondere die Informationsfreiheit enthält eine individualrechtliche Komponente, weil es zu den elementaren Bedürfnissen des Menschen gehört, sich frei und möglichst umfassend zu informieren[32]. Aber auch die Freiheit der geistigen Auseinandersetzung, die Art. 5 sichern will, entspricht einem Grundbedürfnis der Persönlichkeit[33]. Das Verhätnis des Art. 1 Abs. 1 zum allgemeinen Persönlichkeitsrecht des Art. 2 Abs. 1 wird verschiedentlich so umschrieben, daß Art. 1 Abs. 1 die Persönlichkeit statisch zeige, also aussage, wie sie „ist", während Art. 2 Abs. 1 die Persönlichkeit dynamisch auffasse, sie also so zeige, wie sie „handelt"[34]. Ohne Zweifel enthält Art. 2 Abs. 1 den ganzen Grundgedanken des Art. 1 Abs. 1 als Motiv und Inhaltskern: Die Garantie der freien Entfaltung der Persönlicheit ist um der Würde des Menschen willen geboten. Da Freiheit

[27] K. Kübler, Über Wesen und Begriff der Grundrechte, Diss. Tübingen 1965, S. 151.

[28] H. C. Nipperdey (Anm. 23), S. 12; K. Larenz, Das „allgemeine Persönlichkeitsrecht" im Recht der unerlaubten Handlungen, NJW 1955, S. 521 ff. (525); W. Leisner, Grundrechte und Privatrecht, 1960, S. 146.

[29] Vgl. dazu J. Wintrich (Anm. 1), S. 13, und U. Scheuner, DÖV 1971, S. 509; zur Zeitgebundenheit des Begriffs der Menschenwürde R. F. Behrendt, Menschenwürde als Problem der sozialen Wirklichkeit, 1967, S. 10.

[30] J. Wintrich (Anm. 1), S. 7.

[31] BVerfGE 5, 85 (205); ferner G. Dürig, Art. 3 II GG – vom verfassungsrechtlichen Standpunkt gesehen, FamRZ 1954, S. 2; J. Wintrich, BayVwBl. 1957, S. 138; R. Marcic, Ein neuer Aspekt der Menschenwürde, in: Festgabe für E. v. Hippel, 1965, S. 189 ff. (200); S. Künkele, Die positiv-rechtlichen Auswirkungen des Art. 1 Abs. 1 Satz 1 des Grundgesetzes, Diss. Tübingen 1968, S. 50.

[32] BVerfGE 27, 71 (81).

[33] BVerfGE 5, 85 (205); J. Wintrich (Anm. 1), S. 14; M. Räth, Das Problem der Unmittelbarkeit von Art. 1 Abs. 1 des Bonner Grundgesetzes, Diss. Würzburg 1958, S. 58.

[34] G. Dürig, JR 1952, S. 261; H. C. Nipperdey (Anm. 23), S. 15.

nicht unbegrenzt sein kann, sind die in Art. 2 Abs. 1 vorgesehenen Beschränkungen möglich, dürfen aber nicht weiter gehen, als der in die Norm aufgenommene „Menschenwürdegehalt" zuläßt. Der Kernbereich personaler Freiheit, dessen Umfang sich aus Art. 1 Abs. 1 ergibt, kann demnach auch nicht aus den in Art. 2 Abs. 1 enthaltenen Gründen angetastet werden[35]. Art. 1 Abs. 1 und Art. 2 Abs. 1 handeln beide von Eigenwert und Gemeinschaftsbezogenheit des Menschen.

Auch die übrigen Grundrechte ergeben sich ihrem Grundgedanken nach aus der Garantie der Menschenwürde. Die Glaubens- und Gewissensfreiheit, die freie Berufswahl oder die Unverletzlichkeit der Wohnung konkretisieren die in Art. 1 Abs. 1 enthaltene Wertung des Menschen als einer freien und sittlich verantwortlichen Persönlichkeit[36].

Schließlich steht die Entscheidung des Grundgesetzes für die freiheitliche Demokratie und für die rechtsstaatliche Ordnung in einem untrennbaren Zusammenhang mit dem Bekenntnis zur Würde des Menschen. Die Leitidee der Verfassung ist die Erkenntnis, daß nur in einem System politischer Freiheit, in der Möglichkeit eigenverantwortlicher Mitwirkung an der Gestaltung des Gemeinwesens, die Achtung der Menschenwürde konsequent vollzogen wird: Nicht nur Schutz vor übermächtiger Staatsgewalt, sondern auch die Chance zur Mitwirkung an der Staatswillensbildung für jeden Bürger kennzeichnen den demokratischen Rechtsstaat[37].

5. Begriff und Inhalt der Menschenwürde

Die bisher vorliegenden Versuche, die Menschenwürde zu definieren, knüpfen an die Frage an, was das spezifische Wesen des Menschen ausmache, und schließen nicht selten mit dieser Fragestellung ab, ohne eine weitere Antwort zu geben[38]. Da das Grundgesetz selbst die Würde des Menschen ohne weitere Erläuterung voraussetzt und diese keiner weiteren juristischen Definition zu bedürfen scheint[39], besteht die Gefahr einer aus der jeweiligen subjektiven weltanschaulichen oder ideologischen Position entwickelten Inhaltsbestim-

[35] Dazu J. Wintrich, Zur Auslegung und Anwendung des Art. 2 Abs. 1 GG, in: Festschrift für W. Apelt, 1958, S. 1 ff. (7); vgl. auch BVerfGE 6, 32 ff. (41).

[36] J. Wintrich (Anm. 1), S. 14; M. Räth (Anm. 33), S. 58.

[37] Zum Verhältnis des Grundrechts der Menschenwürde in Demokratie und Rechtsstaat vgl. neben BVerfGE 5, 85 (205) vor allem R. Zippelius (Anm. 4), Art. 1 Rdn. 6; W. Maihofer (Anm. 4), S. 42; R. Marcic (Anm. 31), S. 200.

[38] Eine Übersicht über die vorliegenden Begriffsbestimmungen gibt S. Künkele (Anm. 31), S. 10 ff. Zur Kritik an den Definitionen vgl. etwa H. C. Nipperdey (Anm. 23), S. 1, sowie R. Zippelius (Anm. 4), Art. 1 Rdn. 7.

[39] Vgl. H. C. Nipperdey, a.a.O., und K. Kübler (Anm. 27), S. 47.

mung des Art. 1 Abs. 1. Angesichts der zentralen Bedeutung dieser Verfassungsnorm für Auslegung und Verständnis jeder grundgesetzlichen Bestimmung muß bei aller Anerkennung der Schwierigkeiten, die einer eindeutigen Antwort entgegenstehen[40], eine Lösung gesucht werden, die der Funktion des Art. 1 Abs. 1 innerhalb der Verfassungsordnung entspricht[41]. Die juristische Interpretation wird dabei an die im Entstehungszeitpunkt des Grundgesetzes herrschenden rechtsethischen Vorstellungen anknüpfen, die ihrerseits unter dem Eindruck der 1945 vorgefundenen historischen Situation standen; sie muß aber auch die seitdem eingetretenen Wandlungen oder Konkretisierungen der Auffassungen berücksichtigen[42]. Zweifellos ist das Bekenntnis zur Menschenwürde durch die Verachtung und Erniedrigung des Menschen in der Zeit der nationalsozialistischen Gewaltherrschaft geprägt; es bestand Einigkeit darüber, daß nach den Erfahrungen des „Dritten Reiches" der Mensch niemals wieder zum Objekt einer Gemeinschaftsideologie degradiert werden dürfe[43]. Der Vortrag Wintrichs von 1956 ist ganz durch diese historisch und sittlich motivierte Sicht bestimmt. Es versteht sich daher von selbst, daß etwa Folter oder Sklaverei die Menschenwürde mißachten[44]. Wenn das Bundesverfassungsgericht in einer sehr frühen Entscheidung[45] darlegte, daß Art. 1 Abs. 1 nicht eine Pflicht des Staates zum Schutz vor materieller Not, sondern gegen Angriffe auf die Menschenwürde durch andere, wie Erniedrigung, Brandmarkung, Verfolgung, Ächtung usw., meine, so entsprach das ganz dem damaligen Verständnis der Norm als einer Reaktion auf das historisch erfahrene Unrecht.

Auch in einer rechtsstaatlichen Ordnung, die solche offenkundigen Verletzungsvorgänge ausschließt, muß gleichwohl mit der Gefahr von Willkürakten gerechnet und diesen begegnet werden. Es entspricht der Erfahrung auch in demokratisch-rechtsstaatlichen Gemeinwesen, daß Angehörige rassischer oder religiöser Minderheiten oder sonst am Rande der Gesellschaft lebende Menschen wie psychisch Kranke, Asoziale oder straffällig Gewordene am ehesten gefährdet sein können; auch auf diese Erfahrung reagiert Art. 1 Abs. 1[46]. Wenn man die Verfassungsnorm im Sinne der personalen Wertethik auf der Basis eines ethischen Ideals auslegt, das nicht dem Bild des Menschen, wie er ist, sondern dem, wie er nach diesem Ideal sein sollte, entspricht, dann

40 Dazu v. Mangoldt/Klein (Anm. 7), S. 148.

41 Vgl. H. A. Stöcker, Menschliche Würde und kritische Jurisprudenz, JZ 1968, S. 685, der von der notwendigen „Entmythifizierung" des Art. 1 Abs. 1 GG spricht.

42 R. Zippelius (Anm. 4), Art. 1 Rdn. 7.

43 G. Dürig, JR 1952, S. 259; P. Badura, Generalprävention und Würde des Menschen, JZ 1964, S. 337 ff. (341); W. Maihofer (Anm. 4), S. 9.

44 Maunz/Dürig/Herzog (Anm. 5), Art. 1 Rdn. 30.

45 BVerfGE 1, 97 (104).

46 P. Badura, JZ 1964, S. 341.

entsteht die Gefahr, daß gerade diese besonders schutzbedürftigen Personen oder Gruppen sich eigentlich nicht auf Art. 1 Abs. 1 berufen dürften[47]; denn diese (z. B. Triebtäter oder manche Geisteskranken) erscheinen ja als Zerrbild des zu freier sittlicher Entscheidung fähigen Menschen, wobei die konkrete Fähigkeit zu solcher Entscheidung oft das Hauptargument für die Einzigartigkeit des Menschen ist[48]. Eine derartige Sicht ist jedoch nicht die des Grundgesetzes: Die menschliche Würde ist schon begrifflich auch den Personen am Rande der Gesellschaft eigen[49]. Die Vorstellung vom Menschen muß sich daher mit der bescheideneren Formel von der potentiellen, abstrakten menschlichen Fähigkeit, seinen Eigenwert zu verwirklichen, begnügen[50]. Es läßt sich somit sagen, daß Art. 1 Abs. 1 für jeden Menschen ohne Rücksicht auf seinen sittlichen Entwicklungsstand gilt, weil er wenigstens der Idealvorstellung nach zu sittlicher Selbstverwirklichung fähig ist. Gerade die Erfahrung des Unrechtssystems zeigt, daß es dem Staat verwehrt sein muß, Menschen nach ihrem vermeintlichen sittlichen Wert zu klassifizieren. In dieser Sicht ist es konsequent und entspricht der gewandelten Auffassung vom Menschen, daß der Staat sich nicht anmaßen darf, über irgendeinen seiner Gewalt Unterworfenen ein abschließendes Urteil zu sprechen.

II.

1. Rechtsfolgen heute: Allgemeines

Mit diesen einführenden Überlegungen ist ein Punkt erreicht, von dem aus versucht werden kann, das Verständnis der Menschenwürde in seiner aktuellen Bedeutung zu erfassen, also die sich heute und in vorhersehbarer Zukunft ergebenden Probleme in einigen Schwerpunkten zu untersuchen.

Wenn der Mensch als eine „mit der Fähigkeit zu eigenverantwortlicher Lebensgestaltung begabte ‚Persönlichkeit'" zu sehen ist, darf er im politisch-sozialen Bereich nicht als Untertan einer noch so sehr um sein Wohl bemühten Obrigkeit behandelt werden[51]. Wird der Mensch zum bloßen Objekt im Staat gemacht, so widerspricht dies der menschlichen Würde[52]. In der Herabwür-

[47] P. Badura, a.a.O.

[48] H. C. Nipperdey (Anm. 23), S. 1; Schmidt-Bleibtreu/Klein (Anm. 3), Art. 1 Rdn. 1 m. w. N.

[49] Maunz/Dürig/Herzog (Anm. 5), Art. 1 Abs. 1 Rdn. 18; R. Zippelius (Anm. 4), Art. 1 Rdn. 22.

[50] Maunz/Dürig/Herzog, a.a.O.; a. A. K. Brinkmann, Grundrechts-Kommentar zum Grundgesetz, 1967, Art. 1 Anm. I.1.b).

[51] BVerfGE 5, 85 (204 f.).

[52] BVerfGE 27, 1 (6).

digung des Menschen zum Objekt, zur vertretbaren Größe wird die entscheidende Verletzung des Art. 1 Abs. 1 gesehen[53]. Aber diese Formel[54] kann nur die Richtung andeuten, in welcher die Konkretisierung des Inhalts und damit der Schutzbereich der Menschenwürde gesucht wird. Sie ist zumal deswegen noch zu allgemein und unscharf, weil im modernen Staatswesen der individuellen Freiheit im Interesse der Gemeinschaft Grenzen gesetzt werden müssen[55], die gerade auch zur Erreichung menschenwürdiger Lebensbedingungen für alle erforderlich sind. Der Mensch der industriellen Massengesellschaft, die ein hohes Maß intensiver staatlicher Daseinsvorsorge, planender Eingriffe und lenkender Ordnung erfordert, ist unvermeidlich auch Objekt staatlicher Regelungen, so wie er in seinem beruflichen und privaten Leben weithin Abhängigkeiten unterworfen ist und Umwelteinflüssen unterliegt, auf deren Gestaltung er allenfalls über seine politischen Staatsbürgerrechte einen begrenzten Einfluß hat. Diese Objektstellung des Menschen, seine Entpersönlichung im Gefüge von Staat und Gesellschaft ist die Hauptursache für die Protestbewegungen seit der Mitte der sechziger Jahre[56]. Auch die Einsicht, daß die meisten der bestehenden Sachzwänge unter den heutigen gesellschaftlichen Bedingungen unvermeidlich sind, ja ohne sie ein geordnetes Zusammenleben überhaupt unmöglich wäre, beseitigen die Kränkung des Lebensgefühls nicht. Die Hauptfront, an der die Würde des Menschen zu verteidigen ist, liegt heute weniger dort, wo der einzelne Mensch zum Objekt staatlicher Willkür werden könnte, sondern vielmehr da, wo um der Notwendigkeit planender und regulierender Staatstätigkeit willen der einzelne nur noch Zählwert hat, also nicht als konkrete Persönlichkeit, sondern nur als einer unter vielen interessiert.

Der Staat erfüllt seine Verpflichtung zum Schutz der Menschenwürde nicht schon dann, wenn er den menschlichen Freiheitsraum achtet und die staatliche Tätigkeit entsprechend beschränkt; vielmehr ist er zum aktiven Schutz der Menschenwürde verpflichtet. Er muß deren Bedrohungen dort entgegentreten, wo sie unter den jeweiligen Verhältnissen und im Lichte der sich ändernden Lebensbedingungen entstehen. Je weniger die in der Geschichte aller Völker erfahrenen offensichtlichen Kränkungen der Menschenwürde aktuell sind, desto wichtiger wird die Aufgabe, den in Gegenwart und Zukunft erkennbaren neuartigen Gefährdungen des Menschen zu begegnen. Dies bedeutet nicht, daß die Grundwerte der menschlichen Existenz einen von den Zeitverhältnissen abhängigen unterschiedlichen Inhalt haben, sondern, daß

[53] Maunz/Dürig/Herzog (Anm. 5), Art. 1 Abs. 1 Rdn. 28; J. Wintrich (Anm. 1), S. 17.
[54] Zu ihrer Kritik vgl. W. Leisner (Anm. 28), S. 140.
[55] J. Wintrich (Anm. 1), S. 20.
[56] Vgl. E. Forsthoff, Der Staat der Industrie-Gesellschaft, 1971, S. 163.

wesentliche Aspekte erst dann erkannt und juristisch erfaßt werden können, wenn sie aktuell oder potentiell bedroht sind[57].

2. *Auswirkungen im Strafrecht und Strafverfahren*

In seinem Vortrag von 1956 hat Wintrich als für die damalige Zeit besonders bedeutungsvolle Aspekte der Menschenwürde den Schutz der Intimsphäre und die Auswirkungen auf das Straf- und Strafverfahrensrecht behandelt. Der zweite dieser Punkte kann heute sehr kurz behandelt werden. Es ist ein erfreuliches Zeichen für die fortschreitende Festigung des rechtsstaatlichen Bewußtseins, daß heute über die meisten der Fragen, die damals noch mit besonderer Betonung vorgetragen werden mußten, so große – nur wenige Probleme offenlassende – Einigkeit besteht. Es ist allgemein anerkannt, daß Art. 1 Abs. 1 im strafrechtlichen und strafverfahrensrechtlichen Bereich den einer strafbaren Handlung Beschuldigten davor bewahrt, zum bloßen Objekt des staatlichen Strafanspruchs gemacht zu werden. Der in Art. 103 Abs. 1 enthaltene Grundsatz des rechtlichen Gehörs gilt im Straf- wie in jedem anderen gerichtlichen Verfahren schon um der Wahrung der Menschenwürde willen; wer von einer Entscheidung in seinen Rechten betroffen wird, soll zu Wort kommen, um auf das Verfahren und sein Ergebnis Einfluß nehmen zu können[58]. Dem Recht des Beschuldigten, sich durch aktives Eingreifen in das Verfahren zu verteidigen, entspricht es, ihn nicht gegen seinen Willen zum Reden zu zwingen. § 136a StPO ist die „Konkretisierung des Art. 1 Abs. 1 für das Gebiet des Strafprozesses"[59]. Dem gleichen Grundgedanken, daß die Freiheit, sich zu äußern oder zu schweigen, gewährleistet sein muß, entspricht es, wenn jeder unmittelbare oder mittelbare Zwang zur Aussage ebenso als Verstoß gegen Art. 1 Abs. 1 angesehen wird, wie die Verwendung psychoanalytischer oder technischer Hilfsmittel jeder Art, die den Wahrheitsgehalt einer Äußerung des Beschuldigten anders als durch die unmittelbare Wahrnehmung des Vernehmenden ermitteln sollen, also insbesondere der Narkonanalyse oder des Lügendetektors[60]. Art. 1 Abs. 1 verbietet ferner übermäßig hohe oder grausame Strafen[61]. Strafe setzt Schuld voraus;

[57] R. Marcic, Der unbedingte Rechtswert des Menschen, in: Festgabe für E. Voegelin, 1962, S. 360 ff. (392).

[58] BVerfGE 7, 53 (57); 7, 275 (279); 9, 89 (95); J. Wintrich, BayVwBl. 1957, S. 139; Maunz/Dürig/Herzog (Anm. 5), Art. 1 Abs. 1 Rdn. 36.

[59] So die Formulierung von H. C. Nipperdey (Anm. 23), S. 30; ähnlich J. Wintrich, a.a.O.

[60] Vgl. G. Dürig, AöR Bd. 81 (1956), S. 128; zustimmend Th. Ramm, Die Freiheit der Willensbildung, 1960, S. 16.

[61] Vgl. dazu die wenig bekannten Ausführungen in BVerfGE 1, 332 (348), die in ihrer

auch die Höhe der Strafe wird wesentlich durch das Maß der Schuld bestimmt[62]. Dies kann freilich nicht heißen, daß daneben keine anderen Umstände auf die Strafzumessung Einfluß nehmen dürfen; Art. 1 Abs. 1 verbietet weder die Mitberücksichtigung des eingetretenen Schadens noch die Abschreckung anderer als (Neben-)Strafzweck, sofern das angemessene Verhältnis von Täterverantwortung und Strafmaß gewahrt bleibt. Der Strafzweck der Generalprävention darf deshalb nicht dazu führen, die Strafe als Mittel zu benutzen, um den Rechtsbrecher als „Instrument der Polizeifunktion des Staates" zu behandeln[63]. Gegen die Berücksichtigung der Individualprävention (Besserung, Sicherung) bestehen keine Bedenken, soweit die Strafe sich im Rahmen der Schuld hält und der Täter nicht zum „Objekt zweckmäßiger Behandlung" entwürdigt wird[64].

3. Der Privat- und Intimbereich des Menschen

Der vielleicht wichtigste Schwerpunkt der Diskussion betrifft den Schutz des Privat- und Intimbereichs des Menschen. Dies ist nur ein Teilausschnitt aus der bereits angedeuteten Problematik der Objektstellung des Menschen in einer notwendigen, durch die Modernisierung und Technisierung auch der staatlichen Tätigkeit zunehmend vervollkommneten und zugleich den Menschen mit fast unentrinnbarer Zwangsläufigkeit erfassenden und verplanenden Daseinsgestaltung des Staates. In der Frage, ob bei solchen sich heute schon abzeichnenden Entwicklungen ein menschenwürdiges Dasein, wie es Art. 1 Abs. 1 fordert, überhaupt noch möglich ist, steckt die wichtigste Verfassungsfrage einer wahrscheinlich sehr nahen Zukunft. Hinter ihr werden alle anderen durch Art. 1 Abs. 1 aufgeworfenen Probleme an Bedeutung zurücktreten. Marcic formuliert die Aufgabenstellung der Gegenwart und Zukunft so: „Die Freiheit von Lärm; das Recht auf ein innengeleitetes Leben,

Formulierung („nicht so grausam oder hart") deutlich an Amendment Art. VIII US-Verfassung („Excessive bail shall not be required, nor excessive fines imposed, nor cruel and unusual punishments inflicted") erinnern.

62 BVerfGE 20, 323 (331); 25, 269 (285); 28, 386 (391).

63 P. Badura, JZ 1964, S. 344.

64 Vgl. dazu auch die Lebach-Entscheidung, BVerfGE 35, 202 (235 f.), wo besonderer Wert auf die Resozialisierung als Strafzweck gelegt wird: „Als Träger der aus der Menschenwürde folgenden und ihren Schutz gewährleistenden Grundrechte muß der verurteilte Straftäter die Chance erhalten, sich nach Verbüßung seiner Strafe wieder in die Gemeinschaft einzuordnen. Vom Täter aus gesehen erwächst dieses Interesse an der Resozialisierung aus seinem Grundrecht aus Art. 2 Abs. 1 in Verbindung mit Art. 1 GG." Angemerkt sei, daß es zu weit ginge, die Resozialisierung als einzigen verfassungsrechtlich zulässigen Strafzweck anzuerkennen.

wo das Wesen des Menschen sozusagen gewaltsam nach außen gewendet wird ...; das Recht auf Integrität der Psyche, auf die Unversehrtheit des Vernunftsvermögens und der Willenskraft; das Recht auf innere Sammlung, auf Ruhe und Muße mitten in einer tobenden, tosenden, brüllenden Welt; ja selbst das Recht auf eigene Verantwortung, auf Nächstenliebe, auf Nächstenhilfe, welches dem Menschen zu nehmen der totale Rentnerstaat sich anschickt; all dies sind Seinswerte der menschlichen Existenz, die man erst heute erkennt, weil sie erst heute bedroht werden, um deren ‚Artikulierung' und deren Schutz werden wir zu ringen haben."[65]

In der so treffend gekennzeichneten Problematik ist zunächst das natürliche und durch Art. 1 Abs. 1 geschützte Recht jedes Menschen angesprochen, jedermann, auch dem Staat den Zutritt zu dem „Innenraum" seiner Persönlichkeit zu verweigern, also über eine nicht gestörte Intimsphäre zu verfügen[66]. Es handelt sich nicht lediglich um den Bereich der menschlichen Persönlichkeit, der wegen des natürlichen Schamgefühls vor fremder Neugier bewahrt wird, also insbesondere nicht nur um die Sexualsphäre, sondern in gleicher Weise um das Recht, körperliche Mängel, Absonderheiten und Gebrechen nicht ohne zwingenden Grund offenbaren zu müssen, ebenso aber um den Bereich von Glauben und Gewissen, darüber hinaus um alle Ausprägungen der Individualität des Menschen, seine politischen und anderen Überzeugungen, kurz, gerade um diejenigen Eigenschaften, welche den Menschen zur unverwechselbaren Persönlichkeit machen. Eben diese Eigenschaften sind es, welche im Mittelpunkt privater und öffentlicher Neugier stehen und dort, wo der einzelne Mensch auf allgemeines Interesse stößt, die Hauptthemen der modernen Unterhaltungs- und Klatschindustrie bilden. Der im amerikanischen Recht entwickelte Begriff der „privacy" umfaßt das Recht, „von der Gesellschaft oder Beobachtung anderer getrennt oder frei zu sein, aber auch Abgeschlossenheit, Intimsphäre, häusliche Sphäre, (den) von der Öffentlichkeit verschiedenen Lebensbereich eines Menschen"[67]. Der gleichbedeutende Ausdruck „right to be let alone" sagt noch besser, daß es für das Verlangen, in Ruhe gelassen zu werden, überhaupt keiner Begründung bedarf[68]. In der modernen industriellen Gesellschaft ist der Schutz der Privatsphäre aus physiologischen und psychologischen Gründen unmittelbare Existenzvoraussetzung. Niemand kann ohne die Chance, sich in sich selbst zu-

[65] R. Marcic (Anm. 57), S. 392.

[66] J. Wintrich, BayVwBl. 1957, S. 138; R. Zippelius (Anm. 4), Art. 1 Rdn. 18.

[67] R. Kamlah, Right of Privacy, 1969, S. 57; W. M. Beaney, The Right to Privacy and American Law, Law and Contemporary Problems, Bd. 31 (1966), S. 253 ff. (254).

[68] Vgl. A. R. Konvitz, Privacy and the Law: A Philosophical Prelude, Law and Contemporary Problems, Bd. 31 (1966), S. 272 ff. (279); auch J. Wintrich (Anm. 1), S. 15 f.

rückzuziehen, die von Beruf und Gesellschaft gestellten Anforderungen pausenlos erfüllen; auch der beste Schauspieler kann nicht pausenlos eine Rolle spielen, sondern muß gelegentlich „off stage" sein[69], also er selbst sein dürfen. Das Recht auf die Privatsphäre bedarf keines geringeren Schutzes als der Anspruch auf die unverzichtbaren materiellen Existenzvoraussetzungen. Aber in dem gleichen Maße, in dem physische Notsituationen seltener werden und der Staat sich um materielle Existenzsicherung und sogar Wohlstand bemüht, wird der Schutz der Privat- und Intimsphäre vernachlässigt. Das Problem verschärft sich noch, da der Staat in seiner auf die Sicherung der materiellen Existenz gerichteten Planung nahezu zwangsläufig nicht nur materielle Beiträge von seinen Bürgern, wie z. B. Steuern, verlangen, sondern zur erstrebten und ja auch erwarteten Perfektion seiner Maßnahmen Informationen, Auskünfte und Daten beschaffen muß, die häufig in den Bereich der Privatsphäre hineinreichen. Statistische und andere Erhebungen sind oft die Voraussetzung für die Planmäßigkeit staatlichen Handelns, aber sie können die Menschenwürde gefährden, wenn sie jenen Bereich menschlichen Eigenlebens erfassen wollen, der „von Natur aus Geheimnischarakter" hat[70].

Ein erster wichtiger Schritt, um den so gekennzeichneten Gefahren mit Hilfe des Art. 1 Abs. 1 und des Art. 2 Abs. 1 zu begegnen, war die richterrechtliche Anerkennung des zunächst im Zivilrecht bedeutsam gewordenen allgemeinen Persönlichkeitsrechts. Das Bundesverfassungsgericht hat diese Rechtsprechung inzwischen aus verfassungsrechtlicher Sicht bestätigt[71].

Aber auch der Konflikt des Rechts auf Schutz der Privatsphäre mit dem ebenfalls schutzwürdigen Interesse des Staates an wirksamer Aufgabenerfüllung muß gelöst werden. Wer einer Straftat verdächtig ist, wird u. U. eine Durchsuchung seiner Privaträume oder eine körperliche Durchsuchung hinnehmen müssen, sofern diese in einer die Menschenwürde achtenden Weise erfolgt[72]. Statistische Erhebungen verletzen dann nicht die Menschenwürde, wenn sie nicht „den Menschen zwangsweise in seiner ganzen Persönlichkeit zu registrieren und zu katalogisieren" beanspruchen und darüber hinaus als Vorbedingung für die Planmäßigkeit staatlichen Handelns erforderlich sind[73]. In die Privatsphäre darf mithin nur eingedrungen werden, wenn über-

[69] Zu diesem Bild vgl. A. F. Westin, Privacy and Freedom, 1970, S. 35; ferner zu diesen und anderen psychologischen Aspekten S. M. Jourard, Some Psychological Aspects of Privacy, Law and Contemporary Problems, Bd. 31 (1966), S. 307 ff.

[70] BVerfGE 27, 1 (7).

[71] BVerfGE 34, 269 ff.

[72] Der Württ.-Bad. VGH VerwRspr. Bd. 5 (1953), S. 427, hat zu Recht die Kontrolle eines Passanten in einer die Menschenwürde herabsetzenden Weise als erhebliche Verletzung der Beamtenpflichten beurteilt.

[73] BVerfGE 27, 1 (6).

wiegende Gründe des Gemeinwohls bei sorgfältiger Beachtung des Rechts auf Schutz dieser Sphäre diesen Eingriff (d. h. hinsichtlich des „ob“ und des „wie“) zwingend erforderlich machen[74].

Daß der Konflikt zwischen dem Gebot der Achtung der Menschenwürde im Bereich der Privatsphäre und den Erfordernissen des Gemeinwohls seinen Höhepunkt noch nicht erreicht hat, muß befürchtet werden. Im modernen Flugverkehr steht der Fortschritt der Technik in drastischem Gegensatz zu einer (gerade wegen der Empfindlichkeit des technischen Instruments und der latenten Gefährdung von Menschenleben notwendig gewordenen) immer schärferen Kontrolle aller Passagiere, auch derer, die nicht durch ihr Verhalten einen begründeten Verdacht erwecken. Der Eingriff in die Privatsphäre, der so täglich stattfindet, berührt auch die Menschenwürde; er ist nur durch die gegebene notstandsähnliche Situation im Bereich des Flugverkehrs zu rechtfertigen[75]. Was heute durch einleuchtende Gründe gerechtfertigt wird, würde bei Wegfall dieser Gründe durch bloße Gewohnheit sicher nicht zu legitimieren sein.

4. Probleme der elektronischen Datenverarbeitung

Die rasch fortschreitende Erweiterung der technischen Möglichkeiten, die menschlichen Fähigkeiten sinnlicher Wahrnehmung um ein Vielfaches zu verstärken, stellt einen revolutionären Schritt dar, an dessen Ende die völlige Schutzlosigkeit der menschlichen Privatsphäre stehen könnte[76]. Wie die Wirtschaft bedient sich auch die öffentliche Verwaltung zunehmend der Mittel der EDV. Einleuchtende praktische Gründe sprechen dafür, die heute im herkömmlichen Verfahren an vielen Verwaltungsstellen geführten Akten und Karteien über personenbezogene Daten, die z. B. im Bereich des Sozial-, Versorgungs- oder Gesundheitswesens zur Gesetzesausführung erforderlich sind, in einer oder mehreren Datenbanken zu integrieren, von wo die Daten abgerufen werden können. Wenn dieser Vorgang fortschreitet, werden die EDV-Anlagen das öffentliche und private Leben grundlegend ändern[77]. Eine Gefährdung der Privatsphäre liegt vor allem darin, daß 1. personenbezogene Daten, d. h. auch solche, die der Privatsphäre zuzurechnen sind, aufgezeichnet

[74] Zur entsprechenden Rechtsprechung des US Supreme Court vgl. Beaney (Anm. 67), S. 264 f.

[75] Zu Staatsnotwehr und Staatsnotstand als ausnahmsweise Rechtfertigung eines Eingriffs in die Menschenwürde vgl. H. C. Nipperdey (Anm. 23), S. 22.

[76] W. M. Beaney (Anm. 67), S. 264.

[77] Dazu A. Podlech, Verfassungsrechtliche Probleme öffentlicher Datenbanken, DÖV 1970, S. 473.

und ohne Kenntnis und Einwirkungsmöglichkeit durch den Betroffenen beliebig oft, mit großer Schnelligkeit und über weite Entfernungen beliebig vielen interessierten Stellen übermittelt werden können, und 2., daß die gespeicherten Daten, auch wenn sie an sich korrekt sind, aus technischen Gründen isoliert, also ohne Zusammenhang mit anderen Informationen übermittelt werden, die zu ihrem richtigen Verständnis notwendig sind (technisch bedingte Verfälschungstendenz der EDV)[78]. Ohnehin wendet sich schon beim heutigen Stande der Verwaltungstechnik das Empfinden gegen die entpersönlichende Registrierung von Daten oder persönlichen Merkmalen, wie z. B. Fingerabdrücken[79]. Da andererseits bloße Maschinenstürmerei sinnlos ist, ein legitimes Interesse auch des Bürgers an einer modern arbeitenden Verwaltung besteht und diese jedenfalls nicht weit hinter dem Stand der Wirtschaft zurückbleiben kann, wird versucht werden müssen, Kriterien für eine durch Art. 1 Abs. 1 gebotene Datensicherung zu erarbeiten. Bisher vorliegende Entwürfe für eine bundesgesetzliche Lösung[80] versuchen, dem Problem mit einer Registrierungspflicht für Datenbanken, einem Auskunfts- sowie einem Berichtigungs-, Fortschreibungs- und Löschungsanspruch bei falschen oder widerrechtlich gespeicherten Informationen, der rechtlichen Begrenzung des Datenaustauschs und anderen Maßnahmen beizukommen. Aus der Sicht des Verfassungsrechts, das dem Gesetzgeber die Verantwortung für die schwierige Aufgabe des Datenschutzes nicht abnehmen kann, ergibt sich jedenfalls, daß die Einführung eines integrierten Datenbanksystems nur bei vorheriger rechtlicher Vorsorge gegen Mißbrauch zulässig ist. Ich hoffe, mich demnächst an anderer Stelle zu diesem Thema ausführlicher äußern zu können[81]. Eine integrierte Datenbank, die allen interessierten Verwaltungsstellen beliebigen, rechtlich nicht beschränkten und kontrollierten Zugriff ermöglicht, ohne sich auf neutrale Daten wie Namen und Anschrift zu beschränken, würde die durch Art. 1 Abs. 1 geschützte Privatsphäre verletzen[82].

[78] Vgl. U. Seidel, Persönlichkeitsrechtliche Probleme der elektronischen Speicherung privater Daten, NJW 1970, S. 1581 ff. (1582).

[79] Vgl. etwa Maunz/Dürig/Herzog (Anm. 5), Art. 1 Abs. 1 Rdn. 37.

[80] Vgl. den Initiativentwurf des Deutschen Bundestages, BTDrucks. VI/2885 sowie den Regierungsentwurf BTDrucks. 7/1027; dazu U. Dammann, Das Bundesdatenschutzgesetz, ÖVD 1974, S. 33 ff.; ferner auch P. Lindemann/K. Nagel/G. Herrmann, Organisation des Datenschutzes, 1973.

[81] E. Benda, Privatsphäre und „Persönlichkeitsprofil", Ein Beitrag zur Datenschutzdiskussion, in: Menschenwürde und freiheitliche Rechtsordnung, Festschrift für Willi Geiger zum 65. Geburtstag, Tübingen 1974, S. 23 ff.

[82] So auch R. Kamlah, Datenüberwachung und Bundesverfassungsgericht, DÖV 1970, S. 361 ff. (364).

5. *Ausblicke*

Die moderne Industriegesellschaft wird gekennzeichnet durch die fortschreitende Technisierung aller Lebensbereiche. Sie eröffnet die Chance wachsenden Wohlstandes für alle Teile der Bevölkerung, birgt aber zugleich die Gefahr zunehmender Abhängigkeit von technisch bedingten und gesteuerten Prozessen. Im Wirtschaftsleben stellt sich seit Beginn der Industrialisierung die Aufgabe, die Persönlichkeit des in der industriellen Produktion Beschäftigten zu bewahren. Art. 1 Abs. 1 enthält in sich die Idee des Arbeitsrechts, d. h. die Aufgabe, auch unter den Gegebenheiten industrieller Produktion die menschliche Würde am Arbeitsplatz zu schützen[83].

Auch der Staat bedient sich zunehmend der Möglichkeiten der Technisierung und Automatisierung, um die vielfältig gesteigerten Anforderungen an seine Leistungskraft erfüllen zu können. Die hiermit verbundene Versuchung, immer weiter in die Privatsphäre einzudringen, ist nur *ein* Aspekt des Problems. Der Staat, der zur Daseinsvorsorge und -gestaltung verpflichtet wird, muß planend vorausdenken. Staatliche Planung kann den Raum individueller Lebensentscheidungen einengen, während Technisierung der Verwaltung versucht ist, den einzelnen als Objekt zu behandeln. Beide Vorgänge berühren die Würde des Menschen. Die als Folge der Erschütterungen und Katastrophen des 20. Jahrhunderts verbreitete Sehnsucht nach Sicherheit und das Gefühl der Ohnmacht des einzelnen gegenüber den Gefährdungen des Lebens im technischen Zeitalter verstärken die Bereitschaft, sich der Fürsorge des Staates anzuvertrauen.

In beiden Bereichen, in Staat und Wirtschaft, ist eine Rückkehr zu den Verhältnissen des vortechnischen Zeitalters nicht vorstellbar, und sie würde auch nur bereits überwundene Formen der Gefährdung menschlicher Würde wieder zum Leben erwecken, wie die Ausbeutung des arbeitenden Menschen und die Armut breiter Bevölkerungsschichten. Wenn aber der Staat im Interesse des materiellen Wohlstandes und der sozialen Sicherheit seiner Bürger die industrielle Entwicklung duldet oder sogar fördert, ist er um so mehr verpflichtet, den daraus sowohl dem einzelnen als auch der Allgemeinheit entstehenden besonderen Gefährdungen entgegenzuwirken. Arbeitsrecht und Umweltschutz konkretisieren in besonderem Maß die Achtung und den Schutz der Menschenwürde für die heute gegebene Situation. Auch das bei steigender Bevölkerungszahl und zunehmender Mobilität immer dringlicher werdende Problem der räumlichen Enge bedarf unter dem Blickwinkel des Art. 1 Abs. 1 einer Antwort: Je enger die Menschen aneinanderrücken

[83] A. Söllner, Betrieb und Menschenwürde, RdA 1968, S. 437 ff. (438); E. Benda (Anm. 6), S. 413 ff.

müssen, desto stärker wird der Anspruch des einzelnen auf den Schutz seiner Privatsphäre. Für den Bereich des Umweltschutzes, der nach den Vorstellungen der Bundesregierung durch ein besonderes, neu einzuführendes Grundrecht verfassungsrechtlich gesichert werden soll[84], ist den Autoren zuzustimmen, nach deren Meinung sich aus Art. 1 und 2 bereits heute ein Grundrecht auf unschädliche Umwelt im Prinzip ergibt, wobei es sich allerdings nicht um unmittelbar einklagbare Ansprüche auf ganz bestimmte staatliche Maßnahmen handeln kann[85].

Der Staat kann nicht hinter der allgemeinen gesellschaftlichen Entwicklung zurückbleiben; sonst würden in dem Maße, in dem er auf die Entwicklung zukunftsorientierter Konzepte verzichtete, die gesellschaftlichen Kräfte den entstehenden Leerraum ausfüllen und durch Selbstausübung von Herrschaft den Herrschaftsanspruch des Staates gefährden. Nun ist die Indienstnahme der Technik durch den Staat, die zu einer Modernisierung der Verwaltung führt, nicht schon an sich bedenklich. Viele Staatsaufgaben, die Massen- oder Routinefragen betreffen, können anders als mit Hilfe der Technik nicht mehr bewältigt werden. Hiergegen ist jeder Protest sinnlos. Daraus folgt aber nicht, daß der Staat seine Beziehungen zu den Bürgern nach Belieben technisieren darf. Die in der Technik schlummernden, oft heute erst in Ansätzen erahnten Möglichkeiten bedeuten Versuchungen, denen nicht ungeprüft nachgegeben werden darf. Ein extremes Beispiel illustriert die Größe der Versuchung: Technisch ist es heute schon möglich, bestimmte Straftäter mit Hilfe von „Gehirnmonitoren" zu überwachen und die auf diese Weise erkannten schädlichen Neigungen rechtzeitig mit Hilfe von Elektroschocks zu bekämpfen („Dr. Schwitzgebel's Machine")[86]. In entsprechender Weise lassen sich auf Konzentrationsschwäche und Müdigkeit beruhende Verkehrsunfälle vermeiden, indem – was bereits technisch erprobt ist – Piloten, Busfahrern und Lokführern Apparaturen angelegt werden, die durch Messung der Gehirnströme den jeweiligen Konzentrationsgrad feststellen und der Überwachungsstelle übermitteln[87].

84 Bundeskanzler W. Brandt in der Regierungserklärung vom 18. 1. 1973, Broschüre des Presse- und Informationsamtes der Bundesregierung, S. 33; Bundesinnenminister H.-D. Genscher, Soziales Grundrecht auf eine gesunde Umwelt, Bulletin Nr. 34 vom 28. 3. 1973, S. 305 ff.

85 Vor allem H. H. Rupp, Die verfassungsrechtliche Seite des Umweltschutzes, JZ 1971, S. 401 ff., und E. Rehbinder, Grundlagen des Umweltrechts, in: Umweltschutz – aber wie? Rechtliche Hindernisse – rechtliche Möglichkeiten, 1972, S. 21 ff. – Zur z. T. schon weiter gehenden Rechtslage in USA und der Schweiz vgl. M. Bothe und E. Klein, Das Recht auf eine gesunde Umwelt, ZaöRV Bd. 34 (1974), S. 351 ff.

86 Vgl. R. Kamlah (Anm. 67), S. 37.

87 Vgl. die Glosse „Antidream Machine" in dem Magazin Time vom 11. Juni 1973, S. 26 (nach einem Bericht der Naval Research Review).

Solchen Vorschlägen kann die gute Absicht nicht von vornherein abgesprochen werden. Doch ist die Möglichkeit des Mißbrauchs evident. Man muß sehen, wie in anderen Ländern schon heute politisch unbequeme Bürger nicht mehr als Kriminelle, sondern als Geisteskranke behandelt werden. Und ist der Mensch, dessen Gedanken nicht eine Minute ungestraft von seiner Arbeit abweichen können, nicht zum Automaten herabgewürdigt? Am Ende eines solchen konsequent begangenen Weges steht die Zerstörung der Menschenwürde unter der Fahne der Humanität.

Auch wenn derartige Überlegungen heute utopisch erscheinen mögen, muß sich ein der Menschenwürde verpflichteter Staat bei der Beurteilung neuer technischer Möglichkeiten, von denen oft die Faszination der Effektivität ausgehen wird, immer des nur schmalen Grates bewußt bleiben, der solche offensichtlichen Verletzungen des Art. 1 Abs. 1 von den vielleicht noch zulässigen Überwachungsmethoden trennt. Die Kontrolle von Kaufhausbesuchern durch versteckte Fernsehkameras, die durch Automaten gesteuerte Torkontrolle in Großbetrieben[88] oder die routinemäßige körperliche Durchsuchung von Fluggästen sind leider Vorgänge heutiger Lebenswirklichkeit. Wenn der Staat darüber hinaus neue technische Verfahren in Erwägung zieht, muß er zunächst untersuchen, ob durch deren Einführung nicht die Menschenwürde verletzt werden könnte.

Die künftige Staatstätigkeit wird zunehmend von der Planung beherrscht werden. Planung als der „systematische Entwurf einer rationalen Ordnung auf der Grundlage alles verfügbaren einschlägigen Wissens"[89] ist eine an sich nicht zu beanstandende Tendenz vorausschauender Staatstätigkeit[90]. Aber auch hier ergeben sich Gefahren, wenn auch die aus dem Bestreben, „modern" zu sein, „mit der Zeit zu gehen" erklärbare Planungseuphorie dazu neigt, solche Bedenken als Zeichen geistiger Erstarrung zu bewerten.

Staatliche Planung darf nicht zu einer Verplanung des Menschen führen. Die größte Gefahr liegt in der Versuchung, die sich daraus ergibt, daß eine mit wissenschaftlich bestätigten Methoden unter Verwendung von unbeirrbaren und unbestechlichen Hilfsmitteln, z. B. der Computertechnik, entwickelte Planung eigentlich nicht falsch sein kann oder doch den Anspruch erhebt, die technisch garantierte Wahrheit zu sein. Dagegen ist jede Opposition unvernünftig[91]; wer sich dem Plan nicht unterwerfen will, stellt einen

[88] Dazu H. Schirrmacher, Gehorsam für automatische Farbzeichen, DÖV 1957, S. 146 f.; E. Benda (Anm. 6), S. 460.
[89] J. H. Kaiser, Vorwort, Planung I, 1965, S. 7.
[90] BVerfGE 27, 1 (7).
[91] H. Schelsky, Die sozialen Folgen der Automatisierung, 1957, S. 19.

Teil der „Humanbarriere“[92] dar, also der menschlichen Unvernunft, die es wagt, ihre eigenen Gedanken gegen die Logik des Planes zu setzen. Der nächste Schritt ist, dem Widerspenstigen auch nicht mehr den unvernünftigen, doch noch gutgläubigen Willen zu unterstellen. Wer dem Plan nicht gehorcht, tut dies nicht aus Uneinsichtigkeit, sondern aus böser Absicht; er wird damit zum „Planungsfeind“, um den man sich kümmern muß[93], weil die Verletzung der Planverpflichtung ein schweres Verbrechen darstellt[94].

Der so entstehende Konflikt muß nicht die Folge eines Rückfalls in totalitäre Tendenzen, also von der Absicht getragen sein, sich die Menschen mit Hilfe der Technik zu unterwerfen. George Orwell's „1984“ mag eine unrealistische Vision sein[95]; die wirkliche Gefahr ist nicht so sehr die subjektive Despotie mit Hilfe der Technik als vielmehr die politische Herrschaft der Technik selbst[96].

Je stärker Staatstätigkeit geplant wird, desto weniger Bedarf besteht für Diskussion und Kampf um den richtigen politischen Weg. Dieser wird dann nicht mehr, wie es dem Ideal der freiheitlichen parlamentarischen Demokratie entspricht, aus mehreren miteinander konkurrierenden, prinzipiell gleichwertigen Alternativen[97] gefunden, sondern ergibt sich dem Ziele nach aus der technisch-wissenschaftlich einwandfreien Ermittlung der einzig richtigen Entscheidung. Es wird sinnlos, über Alternativen zu streiten, wenn es nur *eine* Wahrheit gibt. Bisher hat aber nur der totalitäre Staat die Wahrheit für sich beansprucht und vorgegeben, genau zu wissen, worin das Gemeinwohl besteht und wie es zu verwirklichen ist, während der Demokratie ein absoluter Wahrheitsanspruch fremd ist[98]; sie ist „zugleich zuversichtlicher und unsicherer“[99]. Menschenwürde ist verantwortungsbewußte Entscheidung zwischen Alternativen[100]. Auch der Irrtum ist ein Schritt auf dem Wege zur Wahrheit, und er wird nicht nur toleriert, sondern auch respektiert, weil es so sicher nicht ist, wo der Irrtum liegt und wo die Wahrheit. Planungspolitik steht demgegenüber in der Gefahr, sich über das „beschränkte Einsichtsniveau

92 H. Klages, Planungspolitik, 1971, S. 123.
93 H. Klages, a.a.O., S. 103.
94 Vgl. G. W. Wittkämper, Planungsideologien in der Politik, Liberal 1969, S. 60, zur Gefahr der „totalitären Planmystik“; auch H. Schelsky (Anm. 91), S. 19.
95 H. Klages (Anm. 92), S. 102; E. Forsthoff (Anm. 56), S. 79; skeptischer H. Weitnauer, Neuordnung des zivilrechtlichen Persönlichkeits- und Ehrenschutzes, Betrieb 1959, S. 45.
96 H. Schelsky (Anm. 91), S. 19.
97 E. Benda (Anm. 6), S. 123.
98 Vgl. auch H. Steinberger, Konzeption und Grenzen freiheitlicher Demokratie, 1974, S. 259.
99 So prägnant J. Riedel, Gemeinwohl und Person, Politische Vierteljahresschrift 1961, S. 222 ff. (224).
100 R. F. Behrendt (Anm. 29), S. 42.

des Menschen" hinwegzusetzen[101], ja, dieses einer Umprogrammierung zu unterziehen, also den Menschen an den Plan anzupassen[102].

All dies sind nicht nur zukünftige Befürchtungen. Auch heute schon ergeben sich Gefahren. Zum Beispiel im Bereich des Schulwesens könnte der Staat die ihm durch Art. 7 übertragene Aufgabe dahin mißverstehen, daß er den Schüler auf Grund von Begabungsdiagnosen allein oder in Verbindung mit volkswirtschaftlichen Bedarfsrechnungen auf seine künftige Berufsrolle festlegt[103]: Die Vernunft des Bildungsplanes beansprucht so den Vorrang vor individuellen Wünschen, zumal wenn deren Unvernunft nachgewiesen werden kann. Solche „staatliche Verplanung des Begabungspotentials"[104], die „planende Manipulierung des ‚ganzen Menschen' unter dem Aspekt und der Verantwortung der ‚Bildung' und der ‚sozialen Gerechtigkeit'", die „Pädagogisierung des Menschen"[105] und die „staatliche Bewirtschaftung der Begabung"[106] widersprechen der Grundentscheidung des Art. 1 Abs. 1. Aus der Menschenwürde folgt die „Unverfügbarkeit der Person", die es verbietet, den Menschen zu einem reinen Objekt staatlicher Planung zu machen. Das Gebot, die Menschenwürde zu achten, verbietet daher im Schul- oder Hochschulwesen eine staatliche Lenkung, die das Recht des Bildungswilligen oder das Elternrecht zugunsten von Bedarfsprognosen beiseite schiebt[107]. Die Pflicht, die Würde des Menschen zu schützen, verpflichtet im Schulbereich zwar nicht dazu, jede nur denkbare oder gewünschte Schulform zur Verfügung zu stellen, aber doch dazu, ein Mindestangebot bereitzuhalten, so daß sich das Selbstbestimmungsrecht des Kindes und das Erziehungsrecht der Eltern verwirklichen kann. Die gleichen Erwägungen würden, abgesehen von Art. 12, schon um der Würde des Menschen willen eine staatliche Berufslenkung verhindern.

Damit sind wenigstens die äußersten Grenzen staatlicher Planungsbefugnis markiert. Die zunehmende Bedeutung, die der Planung als der zeitgemäßen Methode staatlichen Handelns beigemessen wird, läßt sich durch die Komplexität und den wachsenden Umfang der Aufgaben rechtfertigen; so wie der

[101] H. Klages (Anm. 92), S. 110.
[102] H. Klages, a.a.O., S. 112 (gegen die von Herbert Marcuse geforderte „Erziehungsdiktatur").
[103] Zur rechtlichen Problematik U. Scheuner, Verfassungsrechtliche Probleme einer zentralen staatlichen Planung, in: Planung I, 1965, S. 67 ff. (89). – Vgl. ferner die Ausführungen der hessischen Landesregierung im Förderstufen-Fall, wiedergegeben in BVerfGE 34, 165 (176).
[104] E.-W. Fuß, Verwaltung und Schule, VVDStRL 23 (1966), S. 199 ff. (205).
[105] H. Schelsky, Anpassung oder Widerstand, 1961, S. 161.
[106] W. Weber, Freie Berufswahl und freie Wahl der Ausbildungsstätte, RWS 1964, S. 33 ff. (40).
[107] Vgl. BVerfGE 34, 165 (198 f.).

einzelne seine Lebensgestaltung vorausschauend vorbereiten kann, darf und soll auch der Staat künftige Probleme erforschen und sein Handeln an den Ergebnissen wissenschaftlich fundierter Untersuchungen orientieren. Aber es besteht die Gefahr, daß in der Sicht des Planenden, der sich im Besitz der Wahrheit glaubt, die Fähigkeit des Menschen zur Selbstbestimmung als ein lästiges Hindernis auf dem Wege zur Perfektion des Staatshandelns erscheint, also die Versuchung, die Planung totalitär zu übersteuern[108].

Die Achtung und der Schutz der Menschenwürde müssen auch künftig oberste Leitlinie staatlichen Handelns sein; sie haben den Vorrang vor der Perfektionierung des Planens. Auch das Recht ist „Vorgriff auf die Zukunft der Gesellschaft“[109]. Die zentrale Verfassungsnorm des Art. 1 Abs. 1 verpflichtet den Staat, Gefahren zu erkennen und Grenzen der Planung zu beachten, um so den Vorrang der Selbstbestimmung des Menschen zu wahren.

Achtung und Schutz der Menschenwürde bleiben nach der Entscheidung des Grundgesetzes eine Aufgabe, die je nach den besonderen Gefährdungen der Zeit zu erfüllen ist; diese Aufgabe ist aktuell, und sie ist heute wie morgen zu lösen.

108 H. Klages (Anm. 92), S. 110.

109 H. Schelsky, Soziologisches Planungsdenken über die Zukunft, Universitas 1970, S. 1237 ff. (1251).

Diskussion

Herr Scheuner zur Einführung: Eine erste Frage, die sich zu den Darlegungen des Redners stellt, betrifft seine Auffassung, daß man das Menschenbild, von dem das Grundgesetz ausgeht, nicht einer subjektiven Bewertung überlassen kann. So sehr man dem vom Standpunkt richterlicher Auslegung zustimmen kann, so bleibt zu bedenken, daß auch das Grundgesetz in seinen Wendungen hier an bestimmte Anschauungen sich anlehnt. Es ist, wie man vor allem aus Art. 2 GG entnehmen kann, stark an die Vorstellungen der deutschen idealistischen Philosophie, an Kant gebunden, von dem der Gedanke stammt, der Mensch dürfe nicht zum Objekt gemacht werden.

Ergibt sich nicht vielleicht auch die Aporie, die uns der Vortragende so deutlich im zweiten Teil seiner Ausführungen vor Augen geführt hat, in der Verflachung des Menschenbildes, der der moderne, nur mehr dem materialen Wohlsein zugewandte Mensch unterliegt? Wäre der sittlich gebundene Mensch der älteren Zeit nicht leichter in seiner Würde zu erhalten als der Wohlstandsbürger der Gegenwart? Was hält der heutige Mensch für grundlegend, für richtunggebend in seinem Dasein? Das sind Fragen, die über die Rechtswissenschaft hinaus in die Philosophie und Theologie weisen.

Eine zweiter Gesichtspunkt: Durch den ganzen Vortrag zog sich die Gegenüberstellung des persönlichen Freiheitsraums und der notwendigen Einbindung in die Gesellschaft. Hier liegt ein entscheidender Punkt. Aber gerade hier wird die richtige Ausgewogenheit in der Gegenwart von zwei Seiten her bedroht. Die Idee des sich selbst verantwortenden Menschen läßt sich nur dann realisieren, wenn der Mensch diese Verantwortung auch auf sich nehmen will, wenn er nicht um den Preis der Freiheit nur Sicherheit und materielle Wohlfahrt sucht. Auch in der Vergangenheit – vielleicht darf man Wurzeln des Lehnswesens im Mittelalter so verstehen – haben Menschen oftmals die Abhängigkeit gesucht, um Schutz oder Vorteil zu erlangen. Heute droht der einzelne ohne die Einordnung in machtvolle Gruppen fast schutzlos zu werden.

Eine dritte und letzte Frage bezieht sich auf die Ableitung von Ansprüchen aus dem Prinzip der Menschenwürde. Auch wenn ich zögere, dies allgemein anzunehmen, so mag in einzelnen Fragen hier ein wichtiger Gesichtspunkt liegen. Ich denke etwa an den Schutz der menschlichen Verfügung und Freiheit im Rahmen einer immer stärker bürokratisierten Wohlfahrtspflege. Liegt nicht eine Gefährdung der Menschenwürde auch in einer immer weiter greifenden Verplanung des Lebens des einzelnen Bürgers?

Herr G. O. Schenck: Sie haben von dem Schutz gesprochen, den Asoziale und Triebtäter nach dem Prinzip der Würde des Menschen genießen.

Es gibt aber einen Kreis von Menschen, bei denen man noch nicht sagen kann, daß sie zu einer eigenverantwortlichen Lebensgestaltung befähigt seien. Das sind die Kleinkinder. Wie kann man hier nach der gegebenen Begriffsbestimmung von der eigenverantwortlichen Lebensgestaltung bereits von einer Würde des Menschen sprechen? Und doch sollte man es.

Bei den Kleinkindern wird am meisten gesündigt. Die Sünden an den Kleinkindern führen zur Beschäftigung unserer Psychiater. 70 bis 80 Prozent der Psychiater werden allein nur deshalb beschäftigt, weil die Menschen in ihrer Frühkindheit im Elternhaus oder durch Ersatzeltern Schäden erlitten haben.

Es ist also hier ein Raum, in dem der Gesetzgeber, der Staat oder die Mitmenschen in irgendeiner Weise aufgerufen sind, mehr zu tun. Im englischen Sprachgebrauch hat man das Wort von dem „battered child", von den schwer mißhandelten Kindern. Es gibt eine außerordentlich hohe Dunkelziffer bei den Kindern, die zu Hause mißhandelt werden. In diesem Bereich ist bis heute noch gar nicht richtig durchleuchtet worden, was an Sozialaufgaben vor uns steht. Das gehört meiner Meinung nach aber auch zu der Würde des Menschen; denn der Mensch, der hier in seiner ganz persönlichen Gestaltung entsteht und der später als Bürger wählt, empfängt seine wirklich prägenden Merkmale bis zum siebenten Lebensjahr. Man weiß heute genau, daß man schon bei einem Kind im Alter von sechs Jahren prognostisch feststellen kann, ob es aufgrund der früheren Erziehungseinflüsse später ein Verbrecher wird oder nicht. Ich wollte dieses als einen Punkt anmerken.

Einen anderen Punkt wollte ich nur scherzhaft erwähnen, weil meine Frau, aufgrund einer statistischen Umfrage, in ihrer Würde dadurch verletzt wurde, daß man fragte, ob sie arbeite. „Arbeitet die Ehefrau?" Sie schrieb dann: 48 Stunden. Dann wurde gefragt, wo sie beschäftigt sei. Sie antwortete: im Haushalt. Es hieß dann, das sei keine Arbeit.

Wie kommt es, daß man die Arbeit der Hausfrau so niedrig einschätzt? Das Vorurteil gegen die Hausfrau ist in der Bevölkerung sehr weit verbreitet wegen dieser offensichtlich staatlichen Fehleinschätzung, das heißt der männlichen Fehleinschätzung der Arbeit der Hausfrau.

Und schließlich eine letzte Bemerkung, und zwar zu Ihrer Warnung. Soll man dem Busfahrer eine Fernkontrolle einbauen? Ich bin der Meinung, daß, wenn man einem Herzschrittmacher-Patienten zu dessen Gunsten eine Fernkontrolle einbauen kann, dann eine solche Selbstkontrolle gegen Übermüdung für einen Piloten oder für einen Busfahrer auch eine gute Sache ist. Das könnte auf vollkommener Freiwilligkeit beruhen. Wenn es eine billige Kontrolle gegen Übermüdung gäbe, dann würde sich wahrscheinlich jeder vernünftige Autofahrer einer solchen unterziehen. Ich würde es jedenfalls gerne selbst tun.

Herr Steiger: Ich möchte noch einmal auf das Verhältnis von Freiheit, Eigenständigkeit oder Autonomie und Integrität einerseits, zu Sicherheit und Daseinsvorsorge andererseits zurückkommen, das Herr Präsident Benda eingehend in seinem Vortrag behandelt hat.

Das Eigentümliche liegt doch offensichtlich darin, daß wir hier plötzlich einen Konflikt im Begriff der Menschenwürde selbst haben, d. h. nach dem, was Sie dargestellt haben, auch in dem Grundbegriff oder in dem Grundwert nach der Rechtsprechung des Bundesverfassungsgerichts. Sie haben selbst gesagt: Sicherheit und Daseinsvorsorge werden um der Menschenwürde willen gefordert und durchgeführt. Sie sind notwendige Voraussetzungen im industriellen Staat für Freiheit und Eigenständigkeit oder Autonomie und Integrität und damit unverzichtbar. Sie selbst haben davon gesprochen, daß die Rückkehr zu einem Begriff der Freiheit des vorindustriellen Zeitalters nicht möglich ist.

Es wurde auf die Wurzeln des Begriffs der Menschenwürde und der Freiheit im deutschen Idealismus hingewiesen, der insofern vorindustriell ist und wo sich Freiheit noch auf die Fähigkeit gründen konnte, sich selbst zu versorgen – cum grano salis –. Man konnte allgemein davon ausgehen, daß, wenn auch nicht unbedingt für jeden, aber doch in der Regel in der Verbindung von Freiheit und Eigentum durch das Eigentum die Selbsterhaltung und damit die materielle Grundlage der Freiheit gesichert wäre.

Heute ist diese Verbindung von Freiheit und Eigentum als Grundlage von Freiheit in Selbstversorgung oder Selbsterhaltung im materiellen Bereich fast völlig zerschnitten und nur für ganz wenige i. d. R. nur als Ausnahme gegeben. Diese materielle Grundlage der Freiheit wird einerseits durch die persönliche Arbeit errichtet, muß aber andererseits auch von außen neu hergestellt und gesichert werden; d. h. dann Sicherheit durch staatliche Daseinsvorsorge um der Menschenwürde willen.

Nun ist gegenwärtig keineswegs klar – und es wird wahrscheinlich noch eine ganze Weile dauern, bis es im einzelnen geklärt ist –, wo die Grenzen liegen, wo die Überbetonung des einen gegenüber dem anderen, sei es der

Notwendigkeit der Sicherheit gegenüber der Freiheit und der Autonomie, sei es der Freiheit und der Autonomie gegenüber der Notwendigkeit der Sicherheit, der Menschenwürde nicht mehr hilfreich ist, sondern feindlich wird. Die Beispiele, die Sie zum Schluß genannt haben, leuchten ein. Sie sind allerdings sehr extrem, bis hin zu dem zuletzt genannten Beispiel des Einbaus einer Steuerung.

Mir scheint nun, daß, wenn es sich um einen Konflikt im Begriff der Menschenwürde selbst handelt, d. h. der Ziele, die um der Menschenwürde willen verfolgt werden sollen, dieser Konflikt vom Begriff der Menschenwürde her überhaupt nicht mehr auflösbar ist. Wenn wir bisher Konflikte zwischen dem Einzelnen und der Gesellschaft zu bewältigen hatten, dann konnten wir bisher immer auf den Begriff der Menschenwürde zurückgreifen und taten es auch. Wir gingen von einer relativ einfachen aber auch naiven Dichotomie Individuum – Gemeinschaft aus, wenn auch das Bundesverfassungsgericht schon von der Gemeinschaftsbezogenheit des Individuums nach dem Grundgesetz gesprochen hat. Diese Dichotomie ist nicht mehr ohne weiteres gegeben. Die Erfüllung der Gesamtbedürfnisse der Gesellschaft ist in vielerlei Hinsicht notwendige Voraussetzung für die materielle Selbsterhaltung des Einzelnen und damit der Verwirklichung seiner Freiheit und Menschenwürde. Vom Begriff der Menschenwürde her allein als einem individuell bezogenen Begriff können diese Konflikte Einzelner versus Gemeinschaft also nicht mehr ohne weiteres gelöst werden.

Herr Coenen: Ich glaube, es ist unser Schicksal, das Schicksal des Juristen, daß wir Begriffe formulieren müssen. Wenn neue Begriffe kommen, dann müssen wir eben sehen, wie wir damit fertig werden. Ich sehe also hier gar nichts Besonderes darin, daß wir heute den Begriff „Menschenwürde“ neu definieren müssen.

Herr Benda: Ich möchte an dieser Stelle zunächst nur etwas zum Begriff „Menschenwürde“ sagen. Ihn habe ich an sich nicht zu verteidigen. Er ist uns durch die Wortwahl des Grundgesetzes vorgegeben, unabhängig davon, ob es nun in dem Sprachverständnis unserer Zeit das denkbar beste Wort ist; man geht davon natürlich aus.

Wir haben es in unserer praktischen Arbeit mit vielen solchen Begriffen zu tun, und wir versuchen, sie in unserer Alltagsarbeit dort anzuwenden, wo der Einzelfall dazu Veranlassung gibt. Wir würden Mißverständnisse hervorrufen, wenn wir etwa Worte aus der Verfassung, die wir selbstverständlich anzuwenden haben, nach eigenem Empfinden durch uns besser erscheinende Worte ersetzen würden, auch wenn dies vielleicht angebracht wäre.

Es kommt vielleicht in diesem Zusammenhang bei der Arbeit des Juristen nicht so sehr darauf an, wie er die Worte verwendet, sondern daß er sie eben richtig versteht und versucht, sie mit einem Inhalt zu erfüllen.

Aber Begriffe können schwierig sein. In einer Entscheidung, in der die Verfassungsmäßigkeit des alten § 175 StGB und die Strafbarkeit der einfachen Homosexualität behandelt wird, eine Sache, die in einem – um es neutral auszudrücken – sehr persönlichen zwischenmenschlichen Bereich liegt, wird gesagt, der Mensch habe ein unantastbares Recht auf eine Intimsphäre. Es ist übrigens interessant, daß das Bundesverfassungsgericht, wenn ich mich nicht irre, in seiner bisherigen Rechtsprechung niemals das Wort „Privatsphäre" gebraucht hat. Es sagt statt dessen „Intimsphäre". Diese – so fährt das Gericht fort – werde dann verlassen, wenn es sich um eine soziale Beziehung zwischen zwei oder mehreren Menschen handelt. Darin steckt eine gewisse Ironie aus der Wortwahl. Man könnte, gemessen an dem ausgerechnet dort entschiedenen Fall, sagen: Soweit zwei Menschen in dieser Weise – ich sage es jetzt auch einmal ganz allgemein – in einen sozialen Bezug zueinander gelangen, ist der Intimbereich eigentlich verlassen, was aber wohl nicht die eigentliche Intention der Entscheidung ist.

In der Tat kommt allerdings das Bundesverfassungsgericht in dieser Entscheidung mit Recht, wie ich glaube, zu dem Ergebnis, daß, wie immer man rechtspolitisch die inzwischen vom Gesetzgeber behandelte und anders als früher entschiedene Frage sehen mag, von der Verfassung her gesehen die damalige Regelung der Verfassung gemäß sei. Das wird dann im einzelnen näher ausgeführt.

In der Diskussion um die Privatsphäre wird von einem Kritiker der Rechtsprechung des Bundesverfassungsgerichts gesagt, diese Begriffe seien gar nicht anwendbar, da dahinter ein Mißverständnis stecke. Es sei eben eine liberalistische Auffassung, daß sich der Mensch in sich selbst zurückziehen möge. Im Zuge dessen, was man heute Demokratisierung nennt oder mit ähnlichen Begriffen umschreibt, müsse es doch das Hauptziel der Menschen sein, sich an den öffentlichen Dingen in Staat und Gesellschaft zu beteiligen, also mitzumachen.

Nun, ich bejahe das. In einer Demokratie ist es das Recht und, wenn Sie wollen, die Pflicht des Menschen, sich an den öffentlichen Dingen zu beteiligen in dem jeweils nach der Natur der Sache angemessenen Umfang. Es ist ein schwieriges Thema, das ich jetzt nicht weiter verfolgen will. Ich glaube aber, daß der Mensch eben dieser Aufgabe nur dann genügen kann, wenn ihm die Freiheit bleibt, dies dann zu tun, wenn er es will und nach Maßgabe seiner pflichtgemäßen Verantwortung gegenüber der Allgemeinheit.

Ich glaube, daß dies mit den menschlichen Eigenschaften, ganz einfach gesagt, zusammenhängt, und auch etwas mit dem, was ich über dieses aus dem amerikanischen Rechtsbereich kommende Bild des Schauspielers gesagt habe.

Jeder von uns tritt – und hier möge sich jeder in seiner persönlichen, beruflichen, privaten und sonstigen Betätigung einmal überprüfen – in einen sozialen Bezug zu anderen Menschen. Er hält einen Vortrag, er nimmt an einer Diskussion teil, er geht zu einer Veranstaltung. In jedem dieser Alltagsvorgänge hat er eine bestimmte Rolle zu übernehmen, und er bemüht sich, diese, so wie er es kann, auszufüllen. Dies kann er nur dann tun, wenn ihm zugleich die Freiheit bleibt, dann irgendwann zu sagen: jetzt ist Schluß, jetzt bin ich Privatmann, jetzt kümmere ich mich um mich selbst, um meine Familie, um meine Hobbies oder um das, was mir sonst am Herzen liegt.

Herr Krelle: Ich bin Nationalökonom und muß zunächst einmal die Ausführungen von Herrn Benda in ein etwas anderes Gedankengerüst bringen, um dann Stellung zu nehmen und einige Fragen anzuschließen.

Mit dem Begriffssystem der Nationalökonomie werden Vorstellungen, Ideen, Wertungen von Menschen als Präferenzordnungen erfaßt: ein Zustand A oder eine Tätigkeit A einer Person wird also besser, gleich gut oder schlechter angesehen als ein Zustand oder eine Tätigkeit B usw. für alle möglichen Zustände, die man sich denken kann.

Jeder einzelne trägt sozusagen eine solche Präferenzordnung mit sich herum. Die individuellen Präferenzordnungen sind aber nicht unabhängig voneinander: Wir beeinflussen uns gegenseitig. Hierbei ist das Informationssystem von größter Wichtigkeit.

Etwas ähnliches gilt auch für die Gesellschaft als Ganzes. Wir haben eine Verfassung, wählen ein Parlament und eine Regierung. Damit wird eine Präferenzordnung für die Gesellschaft hergestellt, das heißt, wir wählen Personen, die sozusagen Gesamtzustände für uns beurteilen und dann Gesamtentscheidungen treffen.

Die Tätigkeit der staatlichen Führung kann man unter diesem Gesichtspunkt so auffassen: Es soll jeweils ein solcher gesamtstaatlicher Zustand hergestellt werden, der in der sozialen Präferenzordnung möglichst hoch steht. Dafür stehen gewisse Instrumente zur Verfügung, zum Beispiel die Gesetzgebung, Steuern, Ausgaben und dergleichen. Dabei müssen Nebenbedingungen beachtet werden. So gibt es zum Beispiel in der Wirtschaft und in der Gesellschaft gewisse Gesetzmäßigkeiten wie diejenigen der Produktion und Verteilung.

Wenn wir unter diesem Gesichtspunkt einmal den Staat und die Gesellschaft betrachten und dann fragen: Was gibt hier die Menschenwürde, der Artikel 1, her?, dann kann man zunächst sagen: Er statuiert Grenzen für die

Anwendung der staatlichen Instrumente; und diese Grenzen müßte man genau feststellen. Man muß also etwa festlegen: Eine Maßnahme A, zum Beispiel die Folter, ist schlicht unzulässig. Alle solche in jedem Fall unzulässigen Instrumente staatlicher Tätigkeit müßte man enumerieren.

Der zweite Anwendungsfall wäre – und Sie haben einige Beispiele dafür angeführt –, daß das Opfer des einzelnen außer Proportion steht zu dem damit erreichbaren Vorteil für die Gesamtheit. Damit wird aber die interpersonelle Nutzenvergleichbarkeit postuliert.

Man muß ja bei fast jedem staatlichen Handeln einzelnen Personen Nachteile zufügen, um für die Gesamtheit Vorteile zu erreichen – wir leben nicht in der besten aller Welten.

Es wurde als Beispiel genannt, daß die EDV gegen die Menschenwürde sei. Die EDV ist aber ein Vorteil für die Gesamtheit insofern, als Millionen oder gar Milliarden DM eingespart werden können, wenn man durch ein EDV-System die Bürokratie abbauen könnte.

So geht meine Frage dahin: Wie soll man diese zweite, weitere Interpretation von Menschenwürde praktikabel machen, ohne interpersonelle Nutzenvergleiche anzustellen?

Vielleicht noch etwas anderes zum Schluß. Wenn man sich weigert, solche Nutzenvergleiche anzustellen und einen sehr rigorosen Standpunkt einnimmt, der zum Teil in Ihrem Vortrag zum Ausdruck gekommen ist, dann werden wir, wie man in der Sozialwissenschaft sagt, unter Umständen in einem Gefangenen-Dilemma steckenbleiben. Wir werden, wenn jeder einzelne seinen persönlichen Nutzen maximiert, unter Umständen alle in einer weit schlechteren Situation sein, als wenn wir jeden daran hindern würden, dies zu tun. Es gibt sehr einfache Beispiele, um das zu zeigen.

Man müßte also so etwas wie eine interpersonelle Vergleichbarkeit von Opfern des Einzelnen für die Gesamtheit und Nutzen des Einzelnen von der Gesamtheit herbeiführen, wenn man die Menschenwürde so weit interpretiert, daß man zum Beispiel EDV-Anlagen unter dem Gesichtspunkt der Vereinbarkeit mit Menschenwürde prüft. Das scheint mir aber kaum durchführbar.

Herr Scheuner: Ich darf noch ein Beispiel hinzufügen, das vielleicht das, was Herr Krelle ausgeführt hat, besonders sichtbar macht.

In dem Urteil zur hessischen Förderstufe (BVerfGE 34 S. 165 ff.) findet sich eine interessante Bemerkung in dem Vorbringen der hessischen Regierung. Sie behandelt die Frage, daß der Nachteil, den das begabte Kind in der Förderstufe erfährt, gerechtfertigt sei, weil man durch die Zusammenfassung alle Kinder besser fördern könne. Hier meint also die hessische Regierung: Man müsse diese Benachteiligung in Kauf nehmen. Das Beispiel macht deutlich, wie die Persönlichkeitsentfaltung des einzelnen beschränkt werden kann – in der Annahme oder in der Hoffnung, dadurch alle zu fördern.

Herr Schneemelcher: Es wurde vorhin gesagt, der eigentliche Konflikt läge bereits in dem Begriff der Menschenwürde. Ich würde einen Schritt weitergehen: Der Konflikt liegt wohl im Menschenbild selbst, das diesem Begriff doch schon zugrunde liegt.

Es wurde weiter darauf hingewiesen, daß dieser Begriff in dem deutschen Idealismus seine Prägung bekommen hat. Ich glaube, daß der Begriff „Menschenwürde" eigentlich in der Aufklärung verwurzelt ist.

Ich darf hier vielleicht zwei kurze Erinnerungen einbringen. Als vor acht Jahren das Evangelische Staatslexikon vorbereitet wurde, versuchten wir, einen Artikel „Menschenbild" zu bekommen, sind damit aber kläglich gescheitert. Es fand sich kein Autor, der uns einen Artikel geliefert hätte. Dabei waren wir völlig offen: Es hätte auch jemand sein können, der nicht prononcierter Protestant war. Aber es war einfach nicht zu machen. Wir haben dann eine längere Einleitung bringen müssen, die aber etwas anders ausgefallen ist, als es bei einem Artikel „Menschenbild" der Fall gewesen wäre.

Ein Zweites. Ich habe mich neulich auf ein Gespräch mit griechisch-orthodoxen Theologen vorbereiten müssen, bei dem es um die Anthropologie ging. Ich habe dann in dem von J. Ritter herausgegebenen philosophischen Wörterbuch nachgesehen und dabei festgestellt, welche Pluralität im Menschenbild heute vorhanden ist.

Nun wurde vorhin gesagt: Der Jurist soll damit arbeiten. Wie soll er sich in einem Feld zurechtfinden, in dem eine Pluralität herrscht, die früher nicht vorhanden war?

Das Problem der Menschenwürde ist natürlich uralt. Es ist – wenn ich von meinem Fachgebiet her rede – bei den Kirchenvätern mit dem Begriff des Bildes Gottes erfaßt. Diese Auffassung ist heute vielleicht nur noch für eine kleine Zahl von Menschen maßgebend. Für andere ist das biologische Menschenbild wichtiger, und zwar auch unreflektiert. Andere kommen vom Ökonomischen her und betrachten den Menschen als ein Produkt seiner wirtschaftlichen Verhältnisse. Ist hier nicht der Jurist schlicht und einfach überfordert? Das wäre eine Frage.

Hinzu kommt ein Zweites. Wenn von Menschenwürde die Rede ist – und wir diese Rede nur auf den einzelnen beschränken –, dann muß das doch wohl ergänzt werden. Eine Menschenwürde Adams vor der Erschaffung Evas gibt es eben nur, wenn man sagt, daß er das Bild Gottes ist. In dem Augenblick, in dem Eva da ist – verzeihen Sie dieses etwas primitive, aber immerhin biblische Beispiel –, ist eben Menschenwürde etwas, was mit zwei Leuten zu tun hat. Das scheint mir die eigentliche Schwierigkeit zu sein.

Herr Benda: Ich darf zunächst versuchen, etwas zusammenzufassen, da es sonst sehr viel wird.

Die schwierigste Frage ist natürlich die von Herrn Steiger an mich als Mitglied des Bundesverfassungsgerichts gerichtete: Wo nehmt ihr eigentlich die Kriterien her? Dann kommt das, was Herr Krelle zum Problem der Abwägung – Sie sagten: Nutzenvergleichung – ausgeführt hat.

Die Antwort an Herrn Steiger kann zunächst einmal allgemein nur sein: Wir haben uns zu halten an die Wertentscheidungen, die im Grundgesetz vorgegeben sind, wobei es eine weitere Frage ist, ob sich bereits aus Art. 1 GG, wie ich meine, beinahe selbstverständlich bestimmte Konsequenzen ergeben, wie sie in den Art. 12, 4 oder sonst wo im Grundrechtsteil des Grundgesetzes konkretisiert sind, oder ob man umgekehrt das, was Art. 1 ausmacht, aus der Summe oder aus einer Art Quersumme der Einzelentscheidungen des Grundrechtsteils ziehen kann. Ich habe diese Frage auch deshalb berührt – dies nur in Parenthese – um meine Kollegen in Karlsruhe etwas zu provozieren, die bisher relativ wenig zu Art. 1 selbst gesagt haben, sondern eher auf die anderen Grundrechte eingingen.

Zur Abwägungsproblematik möchte ich noch einmal das wiederholen, was ich vorhin zitiert habe. Es war ein Satz aus einer der Entscheidungen des Bundesverfassungsgerichts, in der versucht wurde zu sagen, was nun das Menschenbild sei. Das lasse ich jetzt weg und erwähne nur die Konsequenzen:

„Der Einzelne muß sich diejenigen Schranken seiner Handlungsfreiheit gefallen lassen, die der Gesetzgeber zur Pflege und Förderung des sozialen Zusammenlebens in den Grenzen des bei dem gegebenen Sachverhalt allgemein Zumutbaren zieht, vorausgesetzt, daß dabei die Eigenständigkeit der Person gewahrt bleibt" (BVerfGE 4, 7 [16]).

In diesem Zitat steckt natürlich das Abwägungselement drin, mit einer Reservation jetzt für den unantastbaren Eigenbereich – ihn lasse ich im Augenblick, ich komme darauf zurück, einmal beiseite. Im übrigen besteht also die Notwendigkeit der Abwägung: Was ist zumutbar? Dies kann man gar nicht abstrakt, sondern jeweils nur konkret sagen. Diese Frage ist nach dem uns durch das Grundgesetz und durch die Gesetzgebung gegebenen Auftrag zu beantworten.

Zur Lösung dieser schwierigen Aufgabe der Abwägung gibt es gewisse methodische Prinzipien, die in der Rechtsprechung entwickelt worden sind, und die ich im ganzen gesehen auch für praktikabel und vernünftig halte.

Dabei verlasse ich mich auch auf die Möglichkeiten, die der juristische Prozeß bietet. Es bleibt ein Raum, in dem entschieden werden muß. Auf Grund der Methodik des Verfahrens und auf Grund der Beteiligung der Leute, die etwas zu der Sache sagen, also einen Sachbeitrag liefern können, kann man hoffen, daß sich das relativ vernünftigste Ergebnis einstellt.

Ich möchte an dieser Stelle nur beispielhaft die methodischen Prinzipien erwähnen, die das Bundesverfassungsgericht in seinem bekannten Apotheken-Urteil (BVerfGE 7, 377 ff.) angewendet hat. Wenn schon Eingriffe notwendig sind, etwa in das Grundrecht der Berufsfreiheit, der Berufswahl oder der Berufsausübung – die Berufsausübung kann stärker reguliert werden als die Entscheidung, welchen Beruf jemand überhaupt ergreifen möchte –, dann sieht man sich die konkrete staatliche, im Zweifelsfalle gesetzgeberische Maßnahme an und fragt: Ist dies wirklich notwendig, um das gewünschte Ziel zu erreichen? Gibt es schonendere Möglichkeiten, um den gleichen Effekt zu erzielen?

Eine Nebenbemerkung an Sie, Herr Professor Scheuner. Zu der hessischen Förderstufe wurde hinsichtlich der Argumente der beteiligten Landesregierung, die Sie genannt haben, gesagt: Das, was ihr vorhabt, ist ein umstrittenes pädagogisches Experiment. Wir sind allerdings der Meinung – und dies führte dann zu konkreten Konsequenzen in der Entscheidung dieses Falles –, daß solche Vorstellungen, die wir politisch-pädagogisch gar nicht bewerten wollen und wohl auch nicht bewerten dürfen, weil dies nicht unsere Aufgabe ist, um des Gesichtspunktes der Verhältnismäßigkeit willen eher mit Mitteln der Überzeugung als einfach mit staatlichem Zwang, so viel einfacher er erscheinen mag, durchgesetzt werden sollten.

Das war das wesentliche Argument, das wir den betreffenden Bestimmungen des Gesetzes entgegengehalten haben: Hier wird einfach versucht, etwas zu regulieren, das sich eigentlich, wenn es so gut ist, wie diejenigen behaupten, die dafür sind, kraft Überzeugung besser und wohl auch wirksamer auf die Dauer durchsetzen sollte. Das wäre also in einem konkreten Fall ein mögliches Argument, nur kann ich weder Ihnen noch mir dann im konkreten Fall die schwierige Abwägung der Vor- und Nachteile abnehmen. Ich glaube also nicht, daß wir uns im Grundsätzlichen so sehr unterscheiden, wie es hier zum Teil gemeint wurde. Ich wäre jedenfalls enttäuscht, wenn meine Ausführungen als ein Bekenntnis zum reinen Individualismus verstanden worden wären. Ich habe nicht beabsichtigt, ein solches hier vorzutragen.

Es bleibt aber bei allem – das muß ich schließlich noch Herrn Krelle sagen – der Nachsatz aus der oben zitierten Entscheidung des Bundesverfassungsgerichts: „... vorausgesetzt, daß dabei die Eigenständigkeit der Person gewahrt bleibt". Auch dieses müßte natürlich konkretisiert werden. Danach bleibt aber ein Bereich, in dem die bloße Nützlichkeitserwägung zugunsten der Allgemeinheit nicht ausreicht; es gibt also äußerste Grenzen.

Schließlich möchte ich noch in diesem Zusammenhang – das klang in manchen Äußerungen hier an – ganz ausdrücklich sagen: Ich glaube nicht, daß es Aufgabe des Bundesverfassungsgerichts oder – allgemeiner gesagt – der Justiz überhaupt sein kann, die politische Entscheidung den Politikern, dem Gesetzgeber abzunehmen.

Wir können nicht – und ich hoffe, daß sich das Bundesverfassungsgericht dieser Grenzen wie bisher auch in der Zukunft bewußt sein wird – bei diesem schwierigen Wandeln auf einem sehr schmalen Grat: Wo hört die Politik auf und wo fängt die Verfassung an?, eigene Vorstellungen des Nützlichen, Wertvollen, Vernünftigen, Einleuchtenden, Sachgemäßen oder wie die Vokabeln sonst lauten, entwickeln; die Entwicklung solcher Vorstellungen ist vielmehr Sache der von der Verfassung hierzu legitimierten Vertreter der Politik, also konkret der Mitglieder des Bundestages und des Bundesrates.

Wir haben nur äußerste Grenzen zu bewachen und zu bewahren. Auch dieses ist nicht immer einfach. Sie können – deswegen sage ich das –, abgesehen von der Wahrung dieser Grenzen, von der Justiz, von der Gerichtsentscheidung nicht erwarten, daß sie Ihnen eine letzte inhaltliche Antwort auf die Frage gibt: Welches ist das Menschenbild unserer Zeit? Ich glaube, daß dies einfach nicht unsere Aufgabe ist.

Wieweit es der Politik gelingt, dazu eine inhaltlich allgemein akzeptierte Aussage zu machen, ist schwierig genug zu sagen. Ich fürchte, daß sie es nur zu einem geringen Teil schaffen wird. Wenn sie es aber nicht schafft, dann wird es die Justiz – konkret etwa unser Gericht – schon gar nicht können, wobei man – ich wiederhole es – sagen muß, daß es dies eigentlich auch gar nicht tun darf.

Herr Pieper: Die hier sehr deutlich gewordene Aporie und das Dilemma, das, glaube ich, nicht lösbar ist, könnten auch noch unter einem anderen Gesichtspunkt betrachtet werden. Herr Schneemelcher hat ihn schon ein wenig ins Gespräch gebracht. Ich meine den philosophisch-theologischen Aspekt.

1956 habe ich in der Diskussion über den Vortrag von Herrn Wintrich an ihn die „Gretchen-Frage" gerichtet, ob seine These von der Unantastbarkeit der Menschenwürde ohne theologische Argumente überhaupt zu begründen sei. Herr Wintrich fragte ausweichend zurück: Sie meinen wohl die Metaphysik? Ich habe darauf geantwortet: Nein, ich meine die Theologie, die Rede von Gott.

Ich glaube zwar auch, Herr Präsident, daß das Bundesverfassungsgericht, wie Sie es mehrfach gesagt haben, das Grundgesetz einfach als eine Vorausgabe zu nehmen hat und nicht dahinter zurückgehen kann. Wenn Sie aber zum Beispiel sagen (ich wiederhole eines Ihrer Zitate aus einer Entscheidung des Bundesverfassungsgerichts), daß zum „Intimbereich" alles das gehöre, „was von Natur Geheimnischarakter" habe, dann ist doch zu fragen: Was *ist* denn ein „Geheimnis"?

Ferner haben Sie Begriffe gebraucht, wie „Wesen des Menschen" und „Natur des Menschen". Ich glaube, daß Sie als Jurist zwar auf diesem Gebiet getrost von solchen positiven Formulierungen ausgehen können und wohl auch müssen, daß aber in unserer Diskussion doch noch eine andere Dimension zur Sprache gebracht werden sollte.

Wenn hier zum Beispiel von Kant und der Aufklärung die Rede war, dann darf doch immerhin auch daran erinnert werden, daß Kant das Menschenrecht mit der Formulierung begründet hat: „Wir haben einen heiligen Regierer, und was er den Menschen als heilig gegeben hat, das ist das Recht der Menschen." Offenbar hat er dies für die letztlich allein gültige Begründung der Menschenrechte gehalten.

Negativ sieht es ja ganz ähnlich aus. Hier ist etwa die großartige Konsequenz eines Mannes wie Sartre zu erwähnen, der ja weit über das hinaus, was man „Existentialismus" nennt, einfach die Mentalität und das Lebensgefühl dieser unserer zeitgenössischen Menschheit repräsentiert. Und Sartre sagt: Es gibt überhaupt keine Natur des Menschen, weil es keinen Gott gibt, der sie entworfen haben könnte; es gibt keine Instanz, die mit dem Menschen etwas gemeint haben könnte. *Il n'y a pas de nature humaine, puisqu'il n'y a pas de Dieu pour la concevoir.* Das ist, finde ich, eine großartig klare Formulierung. Zwar glaube ich, daß es in einem sozusagen mittleren Bereich eine Region des Vernünftig-Praktikablen gibt, die den Juristen im Alltag wahrscheinlich am meisten beschäftigt, und daß man in diesem Bereich auch zu beachtlichen Übereinstimmungen gelangen kann.

Immerhin haben Sie selbst gesagt, bis „1984" seien es noch zehn Jahre, und wir würden erleben, wie die Welt dann aussieht. Steuern wir also nicht doch auf eine Aporie los, die einfach das, was Sartre formuliert hat, in Existenz umsetzt, daß man nämlich mit den Menschen machen kann, was man will?

Wenn aber aufgrund einer weit verbreiteten akademischen „Diskretion" über diese theologischen Aspekte gar nicht mehr gesprochen werden kann, dann sehe ich für diese Aporie überhaupt keine mögliche Lösung.

Was hier von der Überforderung der Justiz gesagt worden ist, gilt im Grunde für uns alle – es sei denn, man könnte theologische Argumente wieder legitim in ein akademisches Streitgespräch einbringen. Aber die Theologie gehört ja schon fast nicht mehr dazu.

Herr von Medem: Ich wollte auch an das Wort von der Überforderung der Justiz anknüpfen, das Herr Pieper gebraucht hat, und vielleicht auch an die Überforderung des Hochschullehrers erinnern.

Das erstaunliche Phänomen ist, daß diejenigen, die die Verletzung der Menschenwürde in solchen Fällen – zum Beispiel gegenüber Richtern – begehen, sich selbst und zwar in extremer Weise auf ihr eigenes Recht auf Menschenwürde, auf ihre eigene Befugnis, ihr eigenes Menschenbild bis zum Extrem zu verwirklichen, berufen.

Für mich stellt sich daher die Frage, ob man nicht auch im Sinne des Grundgesetzes das Recht auf Menschenwürde gemeinschaftsgebunden begreifen muß, da es nicht ohne Bezug auf das Toleranzgebot einer freiheitlich-demokratischen Rechtsordnung gesehen werden kann.

Herr Lausberg: Innerhalb der Menschenwürde gibt es also eine Antinomie zwischen Freiheit und Sicherheit (Daseinsvorsorge). In der Antinomie gilt die antike Regel *„utra lex potentior?"* Das Grundgesetz ist aus seiner Ursprungssituation heraus parteilich: Es nimmt Partei für die Freiheit, deren Gefährdung damals ja frische Erfahrung war.

Es ist grundlegend wichtig, daß im Bundesverfassungsgericht, ja, bereits in der Kindererziehung die der Ursprungssituation entsprechende, bedingungslose Priorität der Freiheit aufrechterhalten und bewußt aggressiv verteidigt wird, selbst auf die Gefahr eines anti-industriellen Utopismus hin: *in dubio pro libertate spirituali individuorum,* auch wenn dabei die industrielle Daseinsvorsorge der Gesellschaft und der Individuen schweren Schaden leidet. So schwer kann der Schaden nicht sein wie im Falle des Verlustes oder auch nur der Beschränkung der Freiheit. Hat die Daseinsvorsorge einmal weltweit über die Freiheit gesiegt, so ist es auch mit dem ‚Fortschritt', also auch mit der daseinsvorsorgenden Industrialisierung, aus. *Quid enim prodest homini, si mundum universum lucretur, animae vero suae detrimentum patiatur? Aut quam dabit homo commutationem pro anima sua?* (Mt 16,26).

Freiheit ist der Kern der Menschenwürde, Daseinsvorsorge ist nur ein Mittel der Menschenwürde.

Herr Benda: Vielleicht darf ich, meine Damen und Herren, an das Letzte anknüpfen.

Es ist etwa von Maihofer in seiner wissenschaftlichen Arbeit gesagt worden: Nicht in dubio pro individuo, sondern in dubio pro libertate. Dies sei ein das Grundrechtsverständnis des Grundgesetzes beherrschender Grundsatz.

Nun ist es ein wenig komplizierter, fürchte ich. Der gegenwärtig in so vielen Zusammenhängen umstrittene und immer wieder zitierte Art. 14 GG beinhaltet zunächst einmal die Verteidigung des Eigentumsrechts des einzelnen. Zugleich aber hebt er die Sozialpflichtigkeit des Eigentums hervor.

Ich habe vorhin in einem anderen Zusammenhang an die Sozialstaatsklausel des Grundgesetzes erinnert, auch ein Thema, das in den wissenschaftlichen Diskussionen ein großes Maß an Unsicherheit und Uneinigkeit darüber hervorruft, was diese Klausel eigentlich konkret bedeutet und welche Folgerungen sich daraus ergeben.

Aber immerhin: In vielen Bereichen des Grundgesetzes – und Art. 14 ist nur ein Beispiel, dem andere an die Seite gestellt werden können – ist immer wieder die Polarität gesehen worden, und zwar auf der einen Seite das Recht des einzelnen, das verteidigt werden muß, und auf der anderen Seite seine Pflicht, aber auch die Pflicht der Allgemeinheit, den sozialen Bezug dieses Rechts zu sehen.

Ich glaube nicht, daß dies im Sinne des alten liberalen fröhlichen Optimismus für den Bereich des Art. 14 bedeuten kann, was einmal – ich glaube, Thomas Dehler war es vor vielen Jahren im Bundestag – gesagt wurde, es sei doch ganz klar, daß der einzelne, indem er sein Eigentum nutze, zugleich auch der Allgemeinheit diene.

Dies war einmal eine Meinung, aber ich glaube nicht, daß es die Meinung ist, die das Grundgesetz hat. Es ist da skeptischer. Es sagt nicht, das Eigentum ist in sich sozialschädlich. Aber es sieht die Möglichkeit sozialschädlicher Nutzung. Das Grundgesetz scheint mir in diesen und in anderen Bereichen allerdings zugleich von der Zuversicht getragen zu sein, daß man dieses Spannungsverhältnis erkennt und anerkennt und versucht, es in einer Weise zu lösen, die beiden Erfordernissen Rechnung trägt.

Nun ist dies abstrakt vielleicht hübsch zu sagen, aber konkret ungeheuer schwierig zu verwirklichen. Dies ist ein ständiges Diskussionsthema der Politik in unserer Zeit. Ich nehme an, dies wird in vielen Bereichen noch heftiger werden. Wenn ich überhaupt eine Voraussage auf die Arbeit des Bundesverfassungsgerichts in den nächsten 10 oder 15 Jahren wagen soll, dann würde sie wohl darin bestehen, daß diese Polarität und die aus der politischen Betrachtungsweise der jeweils bestehenden politischen Mehrheiten gezogenen Folgerungen wohl auch Gegenstand einer zunehmend intensiven verfassungsrechtlichen Diskussion sein werden. Ich vermag nicht zu sagen, wie das ausgeht. Ich bin aber nicht sicher, ob die eben geforderte Parteilichkeit dieses Spannungsverhältnis genügend sieht.

Nach vielen zutreffenden Bemerkungen zahlreicher Herren, insbesondere derjenigen, die nicht aus dem juristischen Bereich kommen – ich nehme aber an, die anwesenden Juristen werden sich dem gern anschließen –, über die begrenzten Möglichkeiten der Juristen, im Sinne unseres Themas etwas beizutragen, möchte ich zum Schluß dies ganz bescheiden sagen: Ich glaube in der Tat, daß man die Lösung dieser Frage, die eine der schwierigsten Grundfragen unserer Zeit ist, nicht allein auf die hierfür wohl zu schmalen Schultern der Juristen legen kann. Ich glaube allerdings auch, daß sie ihren Beitrag zu leisten haben. Viele haben sich darum bemüht. Ich darf noch einmal an das Referat von Herrn Wintrich vor vielen Jahren hier anknüpfen. Es war damals vielleicht leichter, aus der unmittelbaren Erfahrung der Nazi-Zeit eine klare, sehr deutliche und sehr überzeugende und eindrucksvolle Absage an den Geist des Unrechts zu formulieren, als dies heute möglich wäre. Ich habe eingangs bereits gesagt: Vieles von dem, was er damals hier in hochverdienter Weise hervorgehoben hat, ist für den Bereich der Jurisprudenz mittlerweile so selbstverständlich geworden, daß darüber wenig gesagt zu werden braucht. Damals war es durchaus nicht selbstverständlich. Darin liegt das ganz große Verdienst von Wintrich, das er sich erworben hat.

Es ist heute sehr viel schwieriger, den Ausblick in eine ungewisse, mit unzähligen Gefahren und Problemen belastete Gegenwart und Zukunft, die ja über 1984 hinausgeht, zu wagen und den Versuch zu unternehmen, Antworten zu skizzieren.

Wenn es mir hier und vielleicht auch außerhalb dieses Raumes gelungen sein sollte – und diesen Eindruck habe ich –, auch nur einigen Widerspruch zu provozieren, dann würde ich aus meiner Sicht den Zweck des heutigen Tages als voll erfüllt ansehen. – Ich bedanke mich für die Diskussion.

Veröffentlichungen der Arbeitsgemeinschaft für Forschung des Landes Nordrhein-Westfalen jetzt der Rheinisch-Westfälischen Akademie der Wissenschaften

Neuerscheinungen 1966 bis 1974

Vorträge G *Heft Nr.*		GEISTESWISSENSCHAFTEN
130	*Ernst Langlotz, Bonn*	Die kulturelle und künstlerische Hellenisierung der Küsten des Mittelmeers durch die Stadt Phokaia
131	*Harry Westermann, Münster*	Das Verhältnis zwischen Bergbau und öffentlichen Verkehrsanstalten als Gegenstand richterlicher und gesetzgeberischer Bewertung
132	*Werner Schulemann, Bonn*	Die Kunst Zentralasiens als Ausdrucksform religiösen Denkens
	Walther Heissig, Bonn	Tibet und die Mongolei als literarische Provinzen
133	*Tilemann Grimm, Bochum*	China und Südostasien in Geschichte und Gegenwart
134	*Peter Berghaus und Karl Schneider, Münster*	Anglo-friesische Runensolidi im Lichte des Neufundes von Schweindorf (Ostfriesland)
135	*Benno von Wiese, Bonn*	Goethe und Schiller im wechselseitigen Vor-Urteil
136	*Gotthard Günther, University of Illinois (USA)*	Logik, Zeit, Emanation und Evolution
137	*Karl Heinrich Rengstorf, Münster*	Die Re-Investitur des Verlorenen Sohnes in der Gleichniserzählung Jesu Luk. 15, 11–32
138	*Gerhard Gloege †, Bonn*	Die Todesstrafe als theologisches Problem
139	*Joseph Ratzinger, Tübingen*	Das Problem der Dogmengeschichte in der Sicht der katholischen Theologie
140	*Herbert von Einem, Bonn*	Masaccios „Zinsgroschen“
141	*Karl Gustav Fellerer, Köln*	Klang und Struktur in der abendländischen Musik
142	*Joh. Leo Weisgerber, Bonn*	Die Sprachgemeinschaft als Gegenstand sprachwissenschaftlicher Forschung
143	*Wilhelm Ebel, Göttingen*	Lübisches Recht im Ostseeraum
144	*Albrecht Dible, Köln*	Der Kanon der zwei Tugenden
145	*Heinz-Dietrich Wendland, Münster*	Die Ökumenische Bewegung und das II. Vatikanische Konzil
146	*Hubert Jedin, Bonn*	Vaticanum II und Tridentinum
147	*Helmut Schelsky, Münster*	Schwerpunktbildung der Forschung in einem Lande
	Ludwig E. Feinendegen, Jülich	Forschungszusammenarbeit benachbarter Disziplinen am Beispiel der Lebenswissenschaften in ihrem Zusammenhang mit dem Atomgebiet
148	*Herbert von Einem, Bonn*	Die Tragödie der Karlsfresken Alfred Rethels
149	*Carl A. Willemsen, Bonn*	Die Bauten der Hohenstaufen in Süditalien. Neue Grabungs- und Forschungsergebnisse
150	*Hans Flasche, Hamburg*	Die Struktur des Auto Sacramental „Los Encantos de la Culpa“ von Calderón
		Antiker Mythos in christlicher Umprägung
151	*Joseph Henninger, Bonn*	Über Lebensraum und Lebensformen der Frühsemiten
152	*François Seydoux de Clausonne, Bonn*	Betrachtungen über die deutsch-französischen Beziehungen von Briand bis de Gaulle
153	*Günter Kahle, Köln*	Bartolomé de las Casas
154	*Johannes Holthusen, Bochum*	Prinzipien der Komposition und des Erzählens bei Dostojevskij
155	*Paul Mikat, Düsseldorf*	Die Bedeutung der Begriffe Stasis und Aponoia für das Verständnis des 1. Clemensbriefes
156	*Dieter Nörr, Münster*	Die Entstehung der *longi temporis praescriptio*. Studien zum Einfluß der Zeit im Recht und zur Rechtspolitik in der Kaiserzeit
157	*Theodor Schieder, Köln*	Zum Problem des Staatenpluralismus in der modernen Welt
158	*Ludwig Landgrebe, Köln*	Über einige Grundfragen der Philosophie der Politik
159	*Hans Erich Stier, Münster*	Die geschichtliche Bedeutung des Hellenennamens
160	*Friedrich Halstenberg, Düsseldorf*	Nordrhein-Westfalen im nordwesteuropäischen Raum: Aufgaben und Probleme gemeinsamer Planung und Entwicklung

161	*Wilhelm Hennis, Freiburg i. Br.*	Demokratisierung – Zur Problematik eines Begriffs
162	*Günter Stratenwerth, Basel*	Leitprinzipien der Strafrechtsreform
	Hans Schulz, Bern	Kriminalpolitische Aspekte der Strafrechtsreform
163	*Rüdiger Schott, Münster*	Aus Leben und Dichtung eines westafrikanischen Bauernvolkes – Ergebnisse völkerkundlicher Forschungen bei den Bulsa in Nord-Ghana 1966/67
164	*Arno Esch, Bonn*	James Joyce und sein *Ulysses*
165	*Edward J. M. Kroker, Königstein*	Die Strafe im chinesischen Recht
166	*Max Braubach, Bonn*	Beethovens Abschied von Bonn
167	*Erich Dinkler, Heidelberg*	Der Einzug in Jerusalem. Ikonographische Untersuchungen im Anschluß an ein bisher unbekanntes Sarkophagfragment Mit einem epigraphischen Beitrag von Hugo Brandenburg
168	*Gustaf Wingren, Lund*	Martin Luther in zwei Funktionen
169	*Herbert von Einem, Bonn*	Das Programm der Stanza della Segnatura im Vatikan
170	*Hans-Georg Gadamer, Heidelberg*	Die Begriffsgeschichte und die Sprache der Philosophie
171	*Theodor Kraus, Köln*	Die Gemeinde und ihr Territorium – Fünf Gemeinden der Niederrheinlande in geographischer Sicht
172	*Ernst Langlotz, Bonn*	Der architekturgeschichtliche Ursprung der christlichen Basilika
173	*Hermann Conrad †, Bonn*	Staatsgedanke und Staatspraxis des aufgeklärten Absolutismus Jahresfeier am 10. Mai 1971
174	*Tilemann Grimm, Bochum*	Chinas Traditionen im Umbruch der Zeit
175	*Hans Erich Stier, Münster*	Der Untergang der klassischen Demokratie
176	*Heinz-Dietrich Wendland, Münster*	Die Krisis der Volkskirche – Zerfall oder Gestaltwandel?
177	*Gerhard Kegel, Köln*	Zur Schenkung von Todes wegen
178	*Theodor Schieder, Köln*	Hermann Rauschnings „Gespräche mit Hitler" als Geschichtsquelle
179	*Friedrich Nowakowski, Innsbruck*	Probleme der österreichischen Strafrechtsreform
180	*Karl Gustav Fellerer, Köln*	Der Stilwandel in der abendländischen Musik um 1600
181	*Georg Kauffmann, Münster*	Michelangelo und das Problem der Säkularisation
182	*Harry Westermann, Münster*	Freiheit des Unternehmers und des Grundeigentümers und ihre Pflichtenbindungen im öffentlichen Interesse nach dem Referentenentwurf eines Bundesberggesetzes
183	*Ernst-Wolfgang Böckenförde, Bielefeld*	Die verfassungstheoretische Unterscheidung von Staat und Gesellschaft als Bedingung der individuellen Freiheit
184	*Kurt Bittel, Berlin*	Archäologische Forschungsprobleme zur Frühgeschichte Kleinasiens
185	*Paul Egon Hübinger, Bonn*	Die letzten Worte Papst Gregors VII.
186	*Günter Kahle, Köln*	Das Kaukasusprojekt der Alliierten vom Jahre 1940
187	*Hans Erich Stier, Münster*	Welteroberung und Weltfriede im Wirken Alexanders d. Gr.
188	*Jacques Droz, Paris*	Einfluß der deutschen Sozialdemokratie auf den französischen Sozialismus (1871–1914)
189	*Eleanor v. Erdberg-Consten, Aachen*	Die Architektur Taiwans Ein Beitrag zur Geschichte der chinesischen Baukunst
190	*Herbert von Einem, Bonn*	Die Medicimadonna Michelangelos
191	*Ulrich Scheuner, Bonn*	Das Mehrheitsprinzip in der Demokratie
192	*Theodor Schieder, Köln*	Probleme einer europäischen Geschichte Jahresfeier am 30. Mai 1973
193	*Erich Otremba, Köln*	Die „Kanalstadt". Der Siedlungsraum beiderseits des Ärmelkanals in raumdynamischer Betrachtung
194	*Max Wehrli, Zürich*	Wolframs ‚Titurel'
195	*Heinrich Dörrie, Münster*	Pygmalion – Ein Impuls Ovids und seine Wirkungen bis in die Gegenwart
196	*Jan Hendrik Waszink, Leiden*	Biene und Honig als Symbol des Dichters und der Dichtung in der griechisch-römischen Antike
197	*Henry Chadwick, Oxford*	Betrachtungen über das Gewissen in der griechischen, jüdischen und christlichen Tradition
198	*Ernst Benda, Karlsruhe*	Gefährdungen der Menschenwürde
199	*Herbert von Einem, Bonn*	‚Die Folgen des Krieges'. Ein Alterswerk von Peter Paul Rubens
200	*Hansjakob Seiler, Köln*	Das linguistische Universalienproblem in neuer Sicht

Band Nr.		
20	*Theodor Schieder, Köln*	Das deutsche Kaiserreich von 1871 als Nationalstaat
21	*Georg Schreiber †, Münster*	Der Bergbau in Geschichte, Ethos und Sakralkultur
22	*Max Braubach, Bonn*	Die Geheimdiplomatie des Prinzen Eugen von Savoyen
23	*Walter F. Schirmer, Bonn, und Ulrich Broich, Göttingen*	Studien zum literarischen Patronat im England des 12. Jahrhunderts
24	*Anton Moortgat, Berlin*	Tell Chuēra in Nordost-Syrien. Vorläufiger Bericht über die dritte Grabungskampagne 1960
25	*Margarete Newels, Bonn*	Poetica de Aristoteles traducida de latin. Ilustrada y comentada por Juan Pablo Martir Rizo (erste kritische Ausgabe des spanischen Textes)
26	*Vilho Niitemaa, Turku, Pentti Renvall, Helsinki, Erich Kunze, Helsinki, und Oscar Nikula, Abo*	Finnland – gestern und heute
27	*Ahasver von Brandt, Heidelberg, Paul Johansen, Hamburg, Hans van Werveke, Gent, Kjell Kumlien, Stockholm, Hermann Kellenbenz, Köln*	Die Deutsche Hanse als Mittler zwischen Ost und West
28	*Hermann Conrad †, Gerd Kleinheyer, Thea Buyken und Martin Herold, Bonn*	Recht und Verfassung des Reiches in der Zeit Maria Theresias. Die Vorträge zum Unterricht des Erzherzogs Joseph im Natur- und Völkerrecht sowie im Deutschen Staats- und Lehnrecht
29	*Erich Dinkler, Heidelberg*	Das Apsismosaik von S. Apollinare in Classe
30	*Walther Hubatsch, Bonn, Bernhard Stasiewski, Bonn, Reinhard Wittram †, Göttingen, Ludwig Petry, Mainz, und Erich Keyser, Marburg (Lahn)*	Deutsche Universitäten und Hochschulen im Osten
31	*Anton Moortgat, Berlin*	Tell Chuēra in Nordost-Syrien. Bericht über die vierte Grabungskampagne 1963
32	*Albrecht Dihle, Köln*	Umstrittene Daten. Untersuchungen zum Auftreten der Griechen am Roten Meer
33	*Heinrich Behnke und Klaus Kopfermann (Hrsg.), Münster*	Festschrift zur Gedächtnisfeier für Karl Weierstraß 1815–1965
34	*Joh. Leo Weisgerber, Bonn*	Die Namen der Ubier
35	*Otto Sandrock, Bonn*	Zur ergänzenden Vertragsauslegung im materiellen und internationalen Schuldvertragsrecht. Methodologische Untersuchungen zur Rechtsquellenlehre im Schuldvertragsrecht
36	*Iselin Gundermann, Bonn*	Untersuchungen zum Gebetbüchlein der Herzogin Dorothea von Preußen
37	*Ulrich Eisenhardt, Bonn*	Die weltliche Gerichtsbarkeit der Offizialate in Köln, Bonn und Werl im 18. Jahrhundert
38	*Max Braubach, Bonn*	Bonner Professoren und Studenten in den Revolutionsjahren 1848/49
39	*Henning Bock (Bearb.), Berlin*	Adolf von Hildebrand Gesammelte Schriften zur Kunst
40	*Geo Widengren, Uppsala*	Der Feudalismus im alten Iran
41	*Albrecht Dihle, Köln*	Homer-Probleme
42	*Frank Reuter, Erlangen*	Funkmeß. Die Entwicklung und der Einsatz des RADAR-Verfahrens in Deutschland bis zum Ende des Zweiten Weltkrieges
43	*Otto Eißfeldt †, Halle, und Karl Heinrich Rengstorf (Hrsg.), Münster*	Briefwechsel zwischen Franz Delitzsch und Wolf Wilhelm Graf Baudissin 1866–1890
44	*Reiner Haussherr, Bonn*	Michelangelos Kruzifixus für Vittoria Colonna. Bemerkungen zu Ikonographie und theologischer Deutung

45	*Gerd Kleinheyer, Regensburg*	Zur Rechtsgestalt von Akkusationsprozeß und peinlicher Frage im frühen 17. Jahrhundert. Ein Regensburger Anklageprozeß vor dem Reichshofrat. Anhang: Der Statt Regenspurg Peinliche Gerichtsordnung
46	*Heinrich Lausberg, Münster*	Das Sonett *Les Grenades* von Paul Valéry
47	*Jochen Schröder, Bonn*	Internationale Zuständigkeit. Entwurf eines Systems von Zuständigkeitsinteressen im zwischenstaatlichen Privatverfahrensrecht aufgrund rechtshistorischer, rechtsvergleichender und rechtspolitischer Betrachtungen
48	*Günther Stökl, Köln*	Testament und Siegel Ivans IV.
49	*Michael Weiers, Bonn*	Die Sprache der Moghol der Provinz Herat in Afghanistan
50	*Walther Heissig (Hrsg.), Bonn*	Schriftliche Quellen in Mogolī 1. Teil: Texte in Faksimile
51	*Thea Buyken, Köln*	Die Constitutionen von Melfi und das Jus Francorum
52	*Jörg-Ulrich Fechner, Bochum*	Erfahrene und erfundene Landschaft Aurelio de'Giorgi Bertòlas Deutschlandbild und die Begründung der Rheinromantik
53		Symposium ‚Mechanoreception'

Sonderreihe
PAPYROLOGICA COLONIENSIA

Vol. I *Aloys Kehl, Köln*	Der Psalmenkommentar von Tura, Quaternio IX (Pap. Colon. Theol. 1)
Vol. II *Erich Lüddeckens, Würzburg, P. Angelicus Kropp O. P., Klausen, Alfred Hermann † und Manfred Weber, Köln*	Demotische und Koptische Texte
Vol. III *Stephanie West, Oxford*	The Ptolemaic Papyri of Homer
Vol. IV *Ursula Hagedorn und Dieter Hagedorn, Köln, Louise C. Youtie und Herbert C. Youtie, Ann Arbor*	Das Archiv des Petaus (P. Petaus)
Vol. V *Angelo Geißen, Köln*	Katalog Alexandrinischer Kaisermünzen der Sammlung des Instituts für Altertumskunde der Universität zu Köln Band I: Augustus-Trajan (Nr. 1–740)
Vol. VI *J. David Thomas, Durham*	The epistrategos in Ptolemaic and Roman Egypt Part 1: The Ptolemaic epistrategos

SONDERVERÖFFENTLICHUNGEN

Der Minister für Wissenschaft und Forschung des Landes Nordrhein-Westfalen – Landesamt für Forschung –	Jahrbuch 1963, 1964, 1965, 1966, 1967, 1968, 1969, 1970 und 1971/72 des Landesamtes für Forschung

Verzeichnisse sämtlicher Veröffentlichungen der Arbeitsgemeinschaft für Forschung des Landes Nordrhein-Westfalen, jetzt der Rheinisch-Westfälischen Akademie der Wissenschaften, können beim Westdeutschen Verlag GmbH, 567 Opladen, Postfach 1620, angefordert werden.

GPSR Compliance

The European Union's (EU) General Product Safety Regulation (GPSR) is a set of rules that requires consumer products to be safe and our obligations to ensure this.

If you have any concerns about our products, you can contact us on ProductSafety@springernature.com

In case Publisher is established outside the EU, the EU authorized representative is:

Springer Nature Customer Service Center GmbH
Europaplatz 3
69115 Heidelberg, Germany

Batch number: 10809636

Printed by Printforce, the Netherlands